JN321700

地方自治ジャーナルブックレットNO.44

自治体人材育成の着眼点

浦野秀一／井澤壽美子／野田邦弘／西村 浩
三関浩司／杉谷知也／坂口正治／田中富雄

公人の友社

まえがき

このブックレット「自治体人材育成の着眼点」は、地方分権時代に求められる自治体職員像を示すとともに、そのような職員（人『財』）を育てるための手法や自治体職員の心得について論じている。

筆者の肩書きは現在さまざまであるが、筆者全員が現役の自治体職員ないし自治体職員経験者であり、地方自治に深い愛着がある。

筆者は、自らの経験を踏まえながら全国の事例に学び、それぞれの立場から各人のテーマについて論じている。

市民・首長・議員・職員など、広く自治体関係者に一読されることを期待する。

目次

1 人材育成の着眼点

(有)あしコミュニティ研究所　代表　浦野　秀一

1 はじめに

自治体の研修担当者から研修講師の依頼を受ける立場である私としては、最近少し気になることがある。それは、「職員研修に不可欠な明確な狙い、つまり戦略性が欠けているのではないか」ということである。行政経営の質は、もちろん「人＝職員」で決まる。人材は経営を左右する最大の資源である。だとすれば、経営と人材育成がきちんとリンクしているだろうか…という疑問である。

職員の育成は行政経営の最も根幹にかかわることである。それが「どこでもやっているから」

「昔からやってきたから」などといった理由ともつかない理由で職員研修が企画され実施されていくのでは研修担当者自身の政策能力を疑うし、「地方分権」という時代の雰囲気にもそぐわない。もちろん人材は、職員研修によってのみ磨かれるものでは決してない。人材育成は「やる気の起きる人事管理」、「活気のある職場風土」、そして「効果的な職員研修」などが相俟ってなされるものである。問題は、「人事」「職場」「研修」のそれぞれの当事者が、どの程度人材育成についての意識と責任を自覚し共有しているかである。

私は、基本的に教育というものはプライベートなものだと思っている。地域が必要とする人材は地域自ら育てるべきなのである。地方分権時代となり、地域のことは地域で考え取り組む（ことが出来る）時代となった今日において、その担い手である職員の育成にはやはり地域独自の発想と手法が必要ではないだろうか。そこにこれからの「人材育成の着眼点」を置くべきである。さらに本稿は、これからの人材育成にあたって、研修担当者はもちろん、人事担当者や職場の管理監督者など人材育成の各当事者が再認識すべき主要な着眼点をまとめたものである。

2 「時代ニーズ」を認識する…職員に求められる能力は時代と共に異なる

（1）ステージとキャラクターは、調和していないとミットモナイ

職員に求められる能力は、自治が置かれた時代環境から描き出すべきである。これは「ステージ（舞台）とキャラクター（役者）」の関係から考えると分かりやすい。つまり、時代劇のステージの上では役者は時代劇を演ずるべきだし、ステージが現代劇に変わったら、役者も現代劇に変わるべきだという理屈である。２０００年4月に行われた「地方分権という大革命」によって自治のステージが「新時代」に変わったのに、相変わらず旧時代のつもりのまま登場している役者が地方行政には多いのではないか。世間から旧態依然、あるいは職員の意識改革が必要と言われるのはこのことである。

したがって、自治のあり方がこれまでどのように変化してきたのか。とりわけ、先に行われた地方分権にはどのような意味があり、分権後を「地方自治新時代」というのはなぜか、といった自治を取り巻く時代環境が今どうあるのかを明らかにしなければ、職員にどんな能力が求められているかも見えてこないはずである。

（2）地方分権によって「地方自治新時代」になった

先に行われた地方分権の最大の目玉は、何といっても国の地方に対する関与の排除、具体的に

は機関委任事務制度の廃止にあった。明治時代の市制・町村制以来、120年間にわたって続いてきた同制度であるが、その最大の問題は事務を委任すべき「機関」を「首長」としてきたことである。つまり、住民が直接選挙で選んだ首長を、国は機関委任事務の〝下請け〟としてきたのである。ここに国と地方自治体との間に上下・主従関係あるいは国依存体質といった「自治体」ともいえない関係・体質を作ってきた要因があった。これが〝ゆがんだ自治〟といわれてきたゆえんである。

その機関委任事務制度を廃止することによって地方に対する国の関与を排除し、自治の復権を果たしたのが先の地方分権である。これはわが国の自治制度にとってまさに革命的なことであった。したがって、分権前と分権後の自治のステージは革命的に異ならなければいけない。だから、自治体職員の意識と行動も革命的に変わらなければいけないのだが、「税財源の委譲を伴わない分権などハンパだ」と言って片付けてしまうのは、自己変革からの逃避でしかない。

分権前は自治とはいっても「国から授権された自治」であり、分権後は「自ら創造する自治」の時代となった。これを「地方自治新時代」というのである。したがって、新時代といわれる自治のステージにあっては、自治体は「政策自治体」に脱皮しなければならないし、行政経営は住民自治の理念に基づいて「協働＝パートナーシップ型」に転換しなければならない。さらに地方行政における様々なルールや常識は、分権前の上下関係に基づく「統治モード」から住民主体の「受託モード」に変換しなければならない。そこから、委託者である住民に対して行政は、お預かりした税金がムダ無く効果的に使われていることをいつでも説明できるようにしておく説明責任が発生し、それに応えるためには行政評価制度が不可欠となる…というように、このような時代認識の中からこれからの地方行政において求められる職員の能力と人材育成の方向が読み取れるはずである。

因みに、分権前の旧時代の意識と行動をそのまま新時代にも引きずっている職員のことを〝化石職員〟という。改革すべき職員意識の代表格である。

3　「政策ニーズ」を認識する…経営戦略にもとづく人材育成であるべきだ

（1）総合計画と人材育成を連携する

「どんな人材を育成するか」の前に「どんなまちづくり～行政経営を目指すのか」が明確でなければいけない。とすれば、人材育成の方針は、総合計画に掲げる将来都市像や基本理念のベクトルと整合しているだろうか。タテ割・分業化が徹底していた旧時代はともかくとして、新時代の地方行政は、その経営方針と人材育成は密接に連携していなくてはいけない。それが経営というものである。

「総合計画」というと、とかく「絵に描いたもち」「金太郎アメみたい＝どこの自治体も同じ」という印象を持たれることが多い。しかし、それこそが人材育成と総合計画の整合をおろそかにしてきた結果である。たとえば、総合計画に「住民の意見を政策に反映させよう」と記述してあったら、「実際どうやって反映させるのか」その手法・取り組み方の研究と研修をしてきただろうか。各職場の管理監督者は住民の意見を日常の仕事に反映させることを日々意識し、職員を指導してきただろうか…ということである。

また、総合計画はその「目次」だけを見るとどこの自治体もほぼ同じ＝金太郎アメみたいだが、たとえばどこでもやっている廃棄物行政を「わがまち流にやる」とするとどこにこだわりを持つのか。総合計画に掲げた全ての事業には「それをわがまち流に行う独自の理念と手法を必ず持つべき」である。それは、職場で日常上司がシゴトを通じて職員に伝えていなければいけないことである。それをしなければ、総合計画は金太郎アメに必ずなる。そのような意味において、自治体の経営方針である総合計画と人材育成は、きちんとリンクさせるべきである。因みに私は、「総合計画の読みこなし」という研修プログラムを設けるべきだとお勧めしている。

（2）マニフェストと人材育成を連携する

近年、首長選挙において、マニフェスト（政権公約）を掲げるケースが増えつつある。首長がマニフェストを掲げて当選したら、補助機関である職員は自らの仕事をマニフェスト実現のために向けていくのは当然のことである。とすれば、職員研修においても、職場においても、マニフェストの認識と理解を徹底し、その実現のために必要な知識・意識・手法を研修していくべきである。

4　「社会ニーズ」を認識する

社会は今、どんな自治体経営を、どんな公務員能力を求めているのか。社会の潮流（トレンド）から人材育成の必要点を見出すべきである。

（1）公務員制度改革の波

公務員の世界では、仕事は「やってもやらなくても処遇は同じ」というのでは、伸びる能力も伸びるわけが無い。結果平等主義は結局人的資源の退廃と組織能力の低下をもたらす。やはり努力をした者が報われる、成果をあげた者がふさわしい処遇を受ける風土と仕組みをつくるべきである。それでこそ研修への参加意欲、自発的人材育成＝自己啓発のインセンティブが生じるのである。

平成13年に閣議決定されて以降の公務員制度改革の一連の動きは、人材育成強化の大きな追い風と受け止めるべきである。

（2）「小さな政府」志向

今日の社会は「小さな政府」を志向している。負担（国民負担率）において「小」であることを選択したら、受益つまり行政に頼る公共サービスも相対的に「小」とならざるを得ない。そこから、「NPM（New Public Management＝新公共管理論）」、「日本型PPP（Public Private Partnership＝官民協働」などの新たな経営理念と手法の必要性が起きてくる。このような一連の流れは、日常の仕事のあり方に直接係わってくるものであり、新時代の自治体職員にとって重要な研修必要点となっている。

（3）倫理意識の希薄化

飲酒運転、勤務怠慢、官製談合等々、公務員の倫理意識については最近特に厳しい目が向けられている。教育には学校教育と家庭教育があるように、「知識」に関する教育は集合研修が向いているが、「意識」に係わることについては「日ごろ」つまり「日常の職場」での指導が重要である。

また、昨今の厳しい経営環境をふまえ、給与ベースの一律削減、勤務時間の見直しなども行われ、リストラこそ無いものの「公務員も民間労働者と同じなのになぜ公務員だけが厳しい目で見られるのか」という職員意識も広がりつつある。職員に倫理意識を意識させるのは本当に難しい。しかし、採用に当たって全ての職員が提出した「宣誓書」を思い出させてもらいたい。職員は、地方公務員法第31条の規定に基づき条例により服務の宣誓をしなければならないことになっている。そこで全ての職員は「職務」と「公務」の二つの仕事を行うと誓ったはずだ。たしかに職務環境は厳しく、〝職務員意識〟ばかりに関心がとらわれがちだが、それでも社会のために奉仕する「公務員意識」を忘れてはいけない。それが倫理意識を支える根源である。因みに私は、「宣誓書」は年度が改まるつど、全職員から自筆で任命権者へ提出させるべきだと各自治体へお勧めしている。

【宣誓の文例】

宣　誓　書

私は、ここに主権が国民に存することを認める日本国憲法を尊重し、かつ擁護することを固く誓います。

私は、地方自治の本旨を体するとともに公務を民主的かつ能率的に運営すべき責務を深く自覚し、全体の奉仕者として、誠実かつ公正に職務を執行することを固く誓います。

5 「職場力」の向上を目指して…〝政策型職場トレーニング（ＯＪＰＴ）〟のすすめ

（1） 職場研修の可能性と限界

職場研修（OJT=On the Job Training）の重要性は今さら言うまでもない。集合研修では困難な、職員一人ひとりの特性に応じた指導ができるし、日常業務に直接関わる実践的な研修が可能である。そこで従来、職場研修は研修サイドが行う集合研修（OffJT=Off the Job Training）を補完するものと位置づけられてきた。だからこそ研修サイドは、ＯＪＴリーダーの養成、ＯＪＴ実践マニュアル、実績報告等々、ＯＪＴが積極的に行われるよう各職場に対して様々な働きかけをしてきた。しかし現実は、研修サイドの期待とは裏腹に、各職場においてなかなか日常的かつ積極的に行われていないのが職場研修の実情ではないだろうか。

私は、職場研修の意義・見方・考え方を根本的に改めるべきだと考えている。研修サイドが行う「集合研修が主」で、それを補完する「職場研修は従」と位置づけるから、常に研修サイドは「お願いする側」で、各職場は「お願いされる側」となり、だから職場研修をやるやらない・出来る出来ないの判断権はお願いされる側である各職場が握ってしまうことになる。そうすると、時間が無い、場所が無い、専門的指導者が不足しているなどと、出来ない理屈を並べるのはお手の物で、結果的に職場研修は思うように進まないということになっているのである。そこに従来型職場研修の限界がある。

（2）管理監督者の意識改革

管理監督者の主な責務には、「職務の業績を上げること」と「人材を育成すること」の二つがある。かつては前者が主たる責務で後者は従、人材は業務遂行の手段であって、だから「人材活用」と言われた。育成するのはあくまでも研修サイドの責任だということである。

しかし今日、「管理監督者は人材育成で評価される」立場であることを再認識すべきだ。職務の業績を上げることは当然のことで、わざわざ問われるまでもない。

大分県の平成18年度人事管理の運営方針には、「幹部職員の登用にあたっては、部下育成能力等を重視する」とうたわれているが、まさに同感である。

しかも、「部下（メンバー）は、未来からの預かりもの」なのである。部下はいつまでも自分だけの部下ではない。いずれは他の管理監督者のもとへ異動もするし、あるいは議員に首長に転進し、わがまちの発展に一層大きく貢献する人材に育っていかないとも限らない。若手職員に対して人材育成に関する意識調査をすると、『自分がこれまで最も成長したと思えるのは、職場で・仕事をとおして・上司によって…』と答える者がかなりの割合で見られる。日常の職場、毎日の仕事こそが人が磨かれる貴重なステージなのである。

これからの時代に重要なことは、『職場において人材を育成することは、所属長及び管理監督者自身の独自の責任である』という意識と取り組みをいかに定着させるかである。

（3）「職場風土」～「職場力」に着目すべし

それでは、管理監督者はどのような視点で人材育成を行っていくべきだろうか。

人材育成だから人を対象とするのは当然だが、組織の中での人であることを忘れてはならない。人が二人以上集まるところには必ず風が生じる。それを気風という。職場という組織の中に吹く風を「風土」という。ひとたび風が吹くと、人のありようは風によって影響されるものだ。

人間は「環境の動物」、つまり「組織の中でうまくやっていこうとする動物」である。だから、朱に交われば赤く〝なろうと努力する〟。だとしたら、まず初めに職場を活気のある風土にしてしまえば、職員はおのずと活気に染まろうと努めるものだ。まちづくりの分野では、これを「劇場効果」と言う。「人がまちをつくり、まちが人をつくる」と言われるとおりである。

ならば、職場そのものの風土を「人が相互に磨かれ育つ職場（教育力）」に、「住民と協働し民意を反映する職場（協動力）」に、「常に新しい行政課題を発見し、先手で住民サービスを発想していく職場（政策力）」にしてしまえば、そこにいる人（職員）はおのずからその風土に染まろうと自己努力する。つまりそのような職員の能力が職場と仕事を通して身についてしまうものである。職場の持つそのような力を「職場力」という。

職員を研修するのが職員研修なら、職場を研修するのが職場研修である。そこで私は、従来の職場研修＝ＯＪＴと区別する意味で、職場力向上を目指した新しい意味での職場研修を「政策型職場トレーニング＝OJPT(On the Job Policy Training)」と呼び、新時代の管理監督者向け研修プログラムとして全国の自治体で積極的に実践している。人材育成と職場活性化の同時進行が可能となる。

6　政策型職場トレーニング（ＯＪＰＴ）の例～「職場（しごと）白書」をつくる

それでは、その実践的な取り組みのプログラムはいくつもあるが、ここではその一つをご紹介しよう。「職場白書」というものを職場ごとにつくることである。テーマは、それぞれの職場の主な仕事そのものとする。例えば、児童福祉課なら「子育て支援」でもよし、道路建設課なら「道路整備」でもよい。その内容・構成は、基本的に「現況把握」「行政水準比較」「未来調査」「現状と課題の分析」である。それを所属の若手職員に分担し、毎年作成させるのである。

①現況把握

(a) 現況整理（テーマに係る業務・住民サービスのハード＆ソフト）
(b) 統計データの収集
(c) 住民や議会からのニーズ収集と体系化
(d) 現場状況の把握
(e) 近隣及び類似自治体の状況把握
(f) 国・都道府県・広域等関連計画の把握

(g)既存計画の執行状況把握　　　　　　　　　等々を調査し、整理する。

②行政水準比較

近隣・類似自治体間の行政水準を相互に比較する中から、これからの政策課題を発見する。「行政水準比較」は「データ比較（例えば待機児童比率など）」と「サービス比較（例えば病後児保育サービスの状況など）」の2面から行う。

「データ」および「サービス」とも、各職場の所管業務に関わる項目について、仕事の実情を映し出す適切な指標を任意に設定する。

③未来調査

まちづくりに対する住民の期待にいち早く対応していくには、「先見性」にもとづく「先取り行政」が不可欠である。そのため、「将来人口推計」などをもとに、予想される政策課題をいち早く抽出し、今から考慮すべき対応策の検討を職場ごとに行う。

④現況と課題のまとめ～「職場（しごと）白書」＝基礎調査資料集＝の作成

「現況調査」「行政水準比較」「未来調査」などの調査結果を整理するとともに、それらの調査結果から読み取った「課題と方向性」を職場ごとに整理し、「白書」としてまとめる。例：「○○市子育て支援白書」「○○町道づくり白書」

7　まとめ

このような「職場白書づくり」は新たに起こす仕事では決してない。これくらいの資料を持たなければ、誰も決算委員会にも行政監査の場にも出られないはずである。この程度の資料は管理監督者なら誰でも持っている、いつもやっている仕事なのである。要は、〝日常的な仕事を人材育成的に行う〟意識と行動が欲しいのである。

各職場の若手職員に対してローテーションを組み、現況調査、行政水準比較などを年ごとに計画的に経験させ、職場で仕事を通じて政策的ものの見方・考え方を刺激し、指導していくことで、若手職員は見事に育っていくものだ。

人は磨けば必ず光る。全ての職員が持っている潜在能力は平等である。問題はその磨き方・引き出し方である。地方分権時代にふさわしい、戦略性のある人材育成に取り組みたいものである。

【参考】

●「地方自治・新時代における人材育成基本方針策定指針について」自治省通知（平成9年11月28日）

●「平成18年度　職場研修推進者研修資料～職場研修について～　」（大分総務部人事課）

●拙稿「分権時代、自治体職員の習得すべき能力とマッセOSAKAの関わり」（平成18年3月・おおさか市町村職員研修研究センター・研究紀要）

2　個人・チーム・組織を見つめ直す

～個人キャリア、チームデザインマネジメント、戦略的意思決定をめざして～

草加市　井澤　壽美子

1　個人として

私の職場では4年ほど前から「人材育成制度」が導入されました。半期毎に目標を設定し、評価する制度で、個人として、係として、課として目標を共有しながら仕事を進めることが徹底され、意義あるシステムだ、との感想を持つ一方で、制度のネーミングは「組織管理」がふさわしいのではないだろうか、「人材育成」という言葉はしっくりこない、との印象を持っていました。では、「人材育成」とは何なのか？と問われると、問題意識もなく、人材育成の「じ」すら考えたこともなく、改めて、自分の考えをまとめることは、相当、頭の痛い話でありました。今回、さまざまな書物を読み、考える中で、過去を振り返り、内面を見つめ直す機会を得ることができました。異動希望調書を書く際に、次にどこそこのテーブルで仕事をしたい、ということまでは考えることはあっても、日々の生活の中において「長い目で働くことを見つめ直す」「仕事人生を思い描く」ことがなかったのですが、多くの皆さんはいかがなものでしょうか。

さて、先日、旅先で立ち寄った施設で、子供の時分に読んだ、サン＝テグジュペリの「星の王子さま」を思い出す機会がありました（注1）。本の中に、「星の回転に合わせて、街灯に火を灯し、消すこと」を職業とする点燈夫が登場し、「なぜ、今、街灯の火を消したの？」と星の王子様に問われる場面があります。すると、点燈夫は、「命令だからさ」と答えるのです。「昔は、夜もゆっくり眠る時間があったけれど、年々、星の回転が速くなり、今となっては、1分間に一回りする星に合わせて、火をつけたり、消したり、休む暇もない。」と、ぼやきながらも、命令された仕事に忠実な、点燈夫スタチュー。流れに身を任せること、盲目的な従順さも必要ながら、時には自身のキャリアについて見つめ直すことも必要ではないか、とそんなことをぼんやりと旅先で思ったのでした。

組織の中に身をおくものは、自らの意思や希望に沿ってではなく、指示命令されて職場を異動していくことが常であり、身を流れを任せることは必然な流れともいえます。一方で、働く個々人の動機や欲求、能力、価値観はさまざま。仕事そのものへのモチベーションを高めるためには、個々の仕事に対する目的意識を見極めながら、自律的な能力を最大限引き出すための動機づけを行うことも必要なことと思われます。一般的に、階層別、職能・部門別の研修は幅広く行われているようですが、それら研修への意欲向上を図る上でも、節目に応じて自身を振り返る機会を設けるなど内面に働きかけて、自己啓発の意欲を高めていくことが、大切です。

2　チームとして

さて、「星の王子さま」には、先ほどの「点燈夫」に加え、「命令好きで人のいい王さま」から、「星の数をひたすら数える実業屋」「褒められることが大好きなうぬぼれ男」等々、どこか滑稽で個性豊かな面々が登場しますが、我々の社会も同じこと。滑稽かどうかはともあれ、人が集まれば、個性もいろいろです。今、私はとある地域のまちづくりの推進を目指して、チームで仕事を進めています。チームで、仕事を進める際、「リーダータイプが不在、新しいことに慎重で、批判ばかりのチェックマンタイプ、言われたことだけをやる形式主義・内容不問のベルトコンベアタイプ、ネゴシエーター不在」こんなタイプのチーム員が集まると、仕事は進まず、「リーダータイプ、アイデアマン、批評家、着実な実行者、ムードメーカー」など多様な人材がバランスよくいることが望ましいと思います。さて、今、自分のチームのキャラクターバランスはどうでしょうか。ゲーム感覚で、チーム点検をしながら、チームのモチベーションを高めることも時には必要かもしれません。バランス良く人材がそろっていることが望ましいことは言うまでもありませんが、必ずしも、全ての役者がそろっているとは限らない中で、構成員の特性をつかみ、チームに足りない力を見つめなおし、仕事を進めることがあってもよいのではないでしょうか。

さて、仕事を進めるうえで心がけている、「3つのデザイン（展望のデザイン・プログラムのデザイン・参加者のデザイン）」について、ふれたいと思います。仕事を進めていく中で、「上が方針を決めてくれないから、どうしていいかわからない」というボヤキが生じがちです。しかし、将来、まちをどうしたら良いのか、「まちの将来を考え・語ること」は上の専売特許ではないはず。実態分析を行いながら、仮説を構築すること、外部情報を収集し、広い視野・知識と問題意識を持つこと、一定程度の未来への悲観を持ちながら、前向きに時代の行く末を展望し、切り開いていくことを心がけることが、まず、必要なことではないでしょうか。その上で、その展望を実現するために、どうしたらよいか、戦略なり戦術が重要です。その過程において必要とされる力は、到達目標（展望）によって様々でしょうが、さしづめ、まちづくりを進める上では「ＰＲの技術、発信力、見せる技術・編集力、広聴力、社会調査の基礎知識、企画・アイデア力、表現力、説得力、まちづくりの技術（参加の場の運営技術、ファシリテーション能力、会議運営能力、土木技術・都市計画の知識・・・）等」が求められる能力です。これらの能力を一人の人がオールマイティに一に持ち合わせることは、まず、不可能と思われます。時には、外部の専門家の力も借りながら、チームとしてこれらの能力を補完し合えれば良いのであり、最も大切なことは、今、チームに欠けているものが何であるのかを把握し、必要なものを投入するマネジメント能力といえます。

また、展望を実現する上では、的確に利害関係者を把握し、利害関係者とのコミュニケーションをデザインする能力も不可欠です。

そして、常に三つのデザインのバランスを意識しながら、次の一手を考え続けること、決して考えることを放棄しないこと、必ず道は拓けると信じ、あきらめないことが一番大切ではないかと思います。

3　組織として

さて、チームとして、できるかぎりの力を尽くし、必ず、道は拓けると思って仕事を進めても、場合によっては上手く前に進まないことがあるかもしれません。組織全体で問題解決されないと、チームの努力ではどうにもならない問題がときに存在していることが理由として挙げられます。アンゾフ氏とサイモン氏によれば、組織の行う意思決定を「業務的意思決定・管理的意思決定・戦略的意思決定」の3種類に分類しており、非定型的である戦略的意思決定は積極的に取り上げなければ、当面の課題に対処する業務的意思決定や管理的の陰に隠れて意識にのぼりにくい性質のものであるそうです（注2）。

これまでの経験で手馴れた管理的意思決定や業務的意思決定に強い関心を持ち、戦略的意思決定をおろそかにする上司。日常的に経験する出来事として、なるほど、と納得しそうですが、戦略的意思決定の特徴をふまえたうえで、組織の意思決定を取り付けていくことも頭に入れておく必要があるといえそうです。

4　最後に・・・・

再び、星の王子様の話です。「命令好きで人のいい王さま」も「褒められることが大好きなうぬぼれ男」も、もしかしたら「目に見えない大切なこと」を内面には抱えながら、気づいたら「命令することや褒められること」が生きがいのようになってしまったのかもしれません。個人として、組織として、目標があって仕事をしていたはずが、ややもすると、「何のためにやっていたんだろう」と道を見失ってしまったり、「誰のために仕事しているの。組織のために仕事しているんじゃないの」と思われてしまってはいませんか。時に、自分を、チームを、組織を見つめ直す時間を皆さんも作ってみませんか。

〔参考図書〕

（注１）: http://www.tbs.co.jp/lepetitprince/about.html

（注２）:「人材育成の進め方 p.125,p.129」桐村晋次／日本経済新聞社

3　21世紀の自治体職員像
～ナレッジワーカーからコンセプターへ

鳥取大学地域学部　野田　邦弘

1　工業社会から知識社会へ

これからの自治体職員に求められる資質はどのようなものだろうか。このことを考えるために、まず、文明論的観点から社会の変遷をとらえ、現代社会において真に付加価値を生み出す労働とはどのようなものかについて考えてみる。

現代は知識社会といわれる。社会で最も重要な資源は、人々がこれまでに蓄積してきた「知識」であり、この伝承と発展および適用が社会発展の原動力となるという考えである。経営学者ピーター・ドラッカーは、知識こそが最も重要な経営資源であるとの立場から、「ナレッジワーカー

（知識労働者）」の重要性を指摘した（『ポスト資本主義社会』１９９３年）。ナレッジワーカーとは、高度な専門知識を持った知的労働者、例えば医者や弁護士などを意味する概念で、猟採集社会→農耕社会→工業社会→知識社会という社会の変遷を念頭に置いて立論されている。工業社会においては、一定の手続きや定められたルールに沿って、労働者は受動的に働かされる。これに対して、ナレッジワーカーは、仕事の意味を重視し、自律的、能動的に働く。知識社会を向かえた今、ナレッジワーカーが重要になってきたというわけだ。

このような認識から政府は、知的財産を最も重要な国家戦略の一つとして位置づけ、知的財産戦略会議設置（２００２年）、知的財産基本法施行（２００３年）、知的財産戦略本部設置（同年）などの取り組みを開始した。緊縮財政にもかかわらず科学技術関連予算は、この間大幅に拡大し続けている。また、経済財政諮問会議に設置された「日本21世紀ビジョン」専門調査会報告書（２００５年）では、わが国が目指すべき将来像として、第一に「開かれた文化創造国家」をあげ、コンテンツ産業などを含む文化創造を重視した国づくりを指向している。

知識社会への移行は、中央・地方政府の政策の変化としても現れてきている。わが国の地域における経済政策は、伝統的に工場や大型店といった生産機能や商業機能の誘致が主流であった。これは、モノの生産を前提とした工業社会のパラダイムにそった政策である。しかし、知識社会を迎えた今、より付加価値の高い産業を重視した政策への転換が求められている。

2　都市の成長のカギを握る創造階級

知識社会にふさわしい経済政策とはどのようなものだろうか。それは、「モノの生産」から「文化（科学技術を含む広義の文化）」の生産へと、政策のパラダイムを転換することである。それでは、「モノの生産」と「文化の生産」はどのように異なるのか。「知的財産戦略大綱」（2002年7月知的財産戦略会議）では、次のように指摘している。

「経済・社会のシステムを、加工組立型・大量生産型の従来のものづくりに最適化したシステムから、付加価値の高い無形資産の創造にも適応したシステムへと変容させていくことが求められている。加工組立型のものづくりにおいては、調和のとれたチームワークが重要な要素であるが、発明や著作物等の情報の創造には、個人の自由な発想が鍵となる」。つまり、知識社会に対応した「付加価値の高い無形資産の創造」に適した社会への移行は、従来わが国において美徳とされてきた「和」ではなく、個人の自由な発想を重視しなくてはならない、と言っている。このような考えを敷衍すると、従来型の工場誘致政策ではなく、優秀な技術者やアーティストといった先端的創造活動を担う個人に着目し、彼らを地域に誘引することが今後の地域政策のカギの一つとなるのではないだろうか。

このことを理論的に明らかにしたのが、アメリカの都市社会学者リチャード・フロリダである。彼は、著書『創造階級の台頭』の中で、アメリカにおける都市の比較研究の結果、発展している都市に共通する要素として、「3つのT」として、Technology（技術）、Talent（才能）、Tolerance（寛容性）が存在することを指摘し、世界的に注目を浴びている。つまり、都市間で比較優位性を獲得するには、TechnologyやTalentに秀でた「創造階級」に属する人々を数多く誘致し、居住してもらうことが重要であるというのである。そのためには、地域社会に「創造階級」をこころよく受け入れる「寛容性」が重要であるとした。なぜなら、アーティストや科学者といった「創造階級」は往々にして「変わり者」と見なされ、地域から排除されやすいからである（ちなみに、フロリダは寛容性を図る指標として、都市におけるゲイの人口比を使っている）。彼は同書の中で3つのTを指標としてアメリカの都市比較を行い、サン・フランシスコ、ボストン、オースティンなどの都市を高く評価した。

創造的職業人の人口比に注目したフロリダの理論は、地域発展のため企業誘致など伝統的な経済政策を進めてきた世界の多くの都市政策関係者の間に大きな衝撃を与えた。彼が、企業ではなく、人材に注目したからである。このことは、前述の知的財産戦略大綱の考えにも通じるものがある。富の源泉を従来のように企業活動にもとめるのではなく、能力ある個人に求めるという考えである。このような個人として例えば、フィンランドの奇跡的発展を牽引したノキアのヨルマ・オリラ、ipodの成功でアップル社のV字回復を果たしたカリスマ＝スティーブ・ジョブズ、青色発光ダイオードを発明した中村修二などが思い浮かぶ。

3　ナレッジワーカーからコンセプターへ

ナレッジワーカーが社会で重要な役割を果たすということは、正しいとしても、ＩＴ技術の発展は、一方でナレッジワーカーの存在意義をゆるがせているのも事実だ。例えば、アメリカでは弁護士や会計士の仕事の大部分は、１００ドル程度のパッケージソフトでエンドユーザーが自己処理できるようになっている。また、医療健康関連の電子情報データベースが飛躍的に増えており、一年間に世界で一億人が、オンライン上で医療情報を検索している。今後、患者自身が医療データベースを活用して自己診断を下すようになることが予測される。このように、単に断片的な知識を切り売りするだけのナレッジワーカーは駆逐される可能性がある（ダニエル・ピンク『ハイコンセプト』２００６年)。もちろん、だからといって、近い将来弁護士や医師がいらなくなるということではない。そうではなく、単なる知識の切り売りから、より進化したナレッジワーカーへの脱皮が求められるということである。

それでは、ナレッジ・ワーカーの進化型とはどのようなものか。ダニエル・ピンクは、前掲書の中で、人の資質として最も重要なものは、「ハイ・コンセプト」と「ハイ・タッチ」であると言っている。ハイ・コンセプトとは、「パターンやチャンスを見いだす能力、芸術的で感情面に訴える美を生み出す能力、人を納得させる話のできる能力、一見バラバラな概念を組み合わせて何か新しい構想や概念を生み出す能力」だとしている。従来の専門的な知識ではなく、美しさを見いだしたり、斬新なコンセプトを創出できる能力である。私は、このハイ・コンセプト、つまり、新たなコンセプトを創出する創造力を有する人を「コンセプター」と呼びたい。コンセプターは、次の時代を先取りし、その社会のイメージを表現することができる。

一方、ハイ・タッチは、「他人と共感する能力、人間関係の機微を感じ取る能力、自らに喜びを見いだし、また、他の人々が喜びを見つける手助けをする能力、そしてごく日常的な出来事についてもその目的や意義を追求する能力などである。」と定義し、「高感度」であることの重要性を指摘した。この議論をベースにこれからの社会で求められる「六つのセンス」として、次のものをあげた。
○機能だけではなく「デザイン」
○議論よりは「物語」
○個別よりも「全体の調和」
○論理ではなく「共感」
○まじめだけではなく「遊び心」
○モノよりも「生きがい」

それでは、このような人物像を自治体現場にあてはめるとどうなるだろう。地方分権の進捗に伴い、自治体は、国の執行機関から、自立的な地域ガバナンスの担い手へ変貌すると言われている。そこでは、これまでのような法令解釈や議会対策、庁内調整といった内部調整型職員から、地域課題を解決できる政策形成能力のある職員へと脱皮すべきだとされている。

法令解釈を特技とする自治体職員は、ナレッジワーカーである。しかし、記述したように、時代はナレッジワーカーからコンセプターへの自治体職員像の転換を求めている。コンセプターとしての自治体職員は、市民と一緒に討論や協働を行うなかから地域課題を的確に把握し、その解決にむけた地域の将来イメージをデザインし、その政策化を通じて、コンセプターとして地域に関わるのである。そこに必要なのが、他者（市民）との共感やデザインマインドといったハイタッチなセンスなのである。

4　協働型まちづくりにおける意識醸成と合意形成プロセスのあり方

船橋市環境部クリーン推進課まち美化係長　工学博士・技術士（環境部門）
西村　浩

1　はじめに

現代の世の中は「個人主義」の時代を迎えたといわれる。個人主義とは、自己主義や利己主義のように周りへの迷惑を顧みず自分勝手に生きるのとは違い、社会に順応しつつも多様なライフスタイルが尊重される生き方といえる。その反面、個々のコミュニケーションを希薄にし、まちのぬくもりや活力を失わせてしまっている要因の一つとなっている。

本来まちとは、ただ雑然と個々が寄せ集まっているだけではなく、その地域にいる者同士が関わり合い、尊重し、郷土意識、仲間意識みたいなものがあり、何とも言えないぬくもりを感じることができるようなところである。とはいえ、まちの様相は時代のニーズにあわせて移り変わるものでもあり、需要に応えられる地域では自ずと発展の方向に進むが、トレンドから外れる地域になると景気の低迷、少子高齢化などの負の影響をまともに受ける格好となる。このように成長していくまちと衰退していくまちが首都圏内ですら顕著に現れはじめており、二極化する時代に突入するのはそう遠くはないように感じられる。

つまり、まちとはまさに人の生きざまの集合体そのものであって、呼吸し、新陳代謝し、仕事があり、あそびがあり、季節が変われば衣替えする、というようにまち自体に順応性が発揮されなければならず、それと同時に発散傾向にある個人主義の矛先をまちの活力へとシフトさせていくというような備えがあるかどうかが、まちの成長もしくは衰退の分かれ道になる。そこで必要になるのが協働型のまちづくりの展開である。

しかし、一言で「協働」と言っても、まちづくりを簡単にするための呪文ではない。協働型まちづくりは、関わるもの同士が意識を醸成し、合意形成を図りながら実現化のためのプロセスを見出し、パートナーシップ（対等な協力関係）で各々の役割と責務を果たしながら進めなければ目的を達成することができないので、わずらわしさもある。しかし、そのわずらわしさが、住民本位、あるいは当事者本位を呼び込み、魂のこもった「成果品」ができるのである。こうした協働型まちづくりの一翼を担うこととなる自治体職員には、この着眼点を身につけ実践することが求められている。

ここでは、協働の概念や理論は他の専門書に譲るとして、協働プロセスにおいて共有させていくべき備えや順応性とは何か、これからの地域づくりはどのような点に注意し進めたらよいかについて、筆者の協働型まちづくりに関する行政経験をもとに述べることにする。

2　まちにおける「発展」と「衰退」の境目

まちは、大別すると個々の暮らしに関する要素と、地域内での支えあいの要素の二つの柱によって成り立っているともいえる。**図1**は成長の好影響を持続発展的に展開させるための概念図である。本図において、①の領域はまちの成長は個人が地域のために行動すればするほど成長するものでもあることを表している。しかし個々が身勝手に生活することによって地域に負担をかけ、負の素材を寄せ集めてしまうことになり、モラルやマナーに委ねているだけでは②の領域に陥りやすくなるため、社会秩序を維持できなくなってしまう。そのためにも、法令を最低限クリアしているから良いと考えるのではなく、③に示すように地域の状況に応じたルールを条例や政策として独自に定め、良好なまちづくりへと誘導していく仕組みづくりが必要となる。しかしそれだけでは単一的、画一的な改善にしかならず、さらなる成長、発展へと促すためには④に示すようなベクトル、すなわち①の領域に向けてのまちづくりの潮流を呼び込むことが要求される。

図1における①の領域を発展的に成長をさせるためには、教育、福祉、環境、ライフスタイル、等といった生活領域の上にまちを活かし育てる交流や連携によって成長や発展が促される。この関係を示したのが**図2**の概念図である。この図において破線で囲まれている領域や要素毎を結ぶ線が幾重にも紡がれることで、まちの中に多様性が育まれることとなるが、その原動力は**図1**中の④のベクトルに示すような地域の協働プロセスに委ねられるものであると

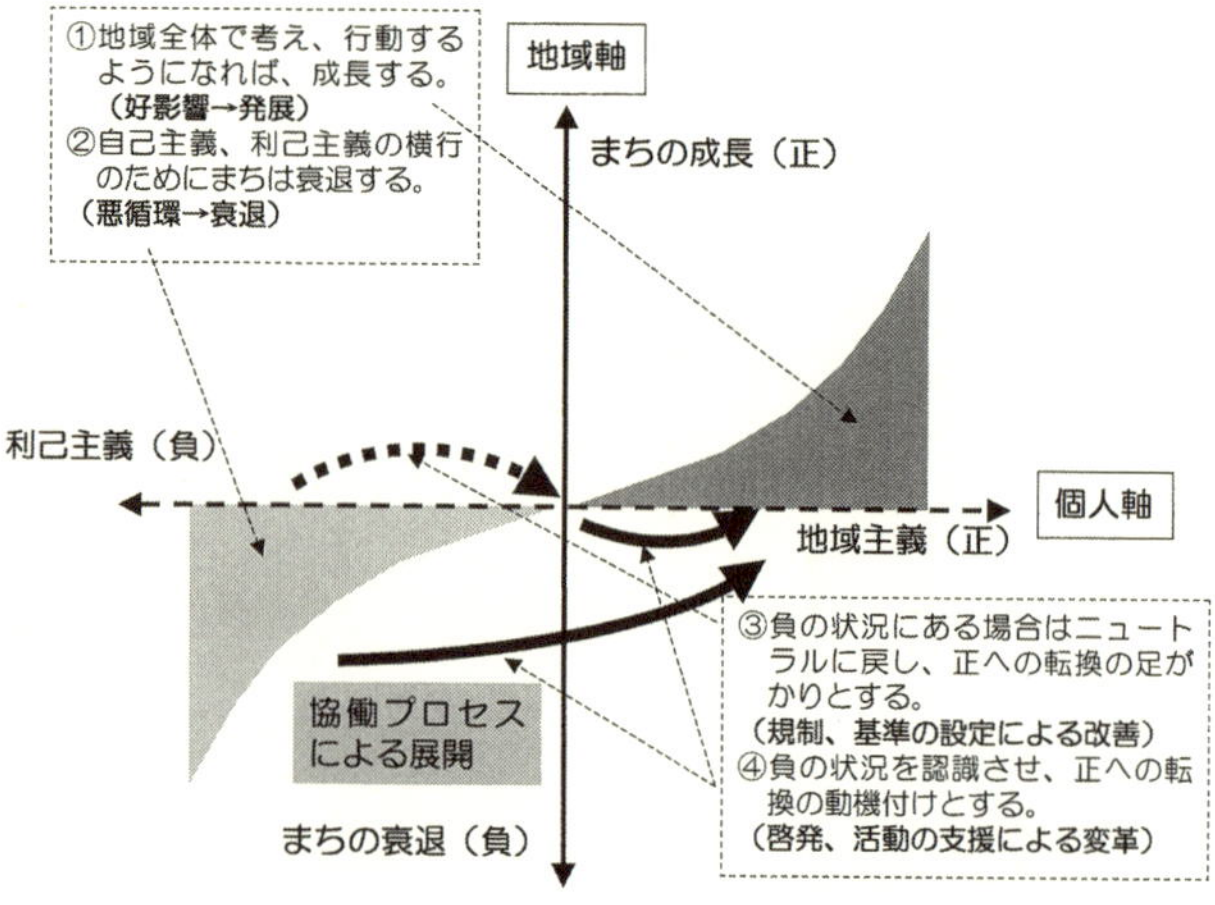

図１　好影響を持続的にもたらすための転換の概念

いえよう。

3　負から正の成長に向けての「転換」と「意識醸成」「合意形成」の着眼点

負の影響を受けている地域にあっては、大変残念なことではあるが、このような時代になってしまったことに対する危機感を率直に受け止めることが実はとても重要なのである。裏を返せば、危機感への気づきが変革に向けて行動するきっかけでもありチャンスなのである。以下、まちの成長に向けての着眼点について段階別に区分して列記した。

①地域の資源の認識

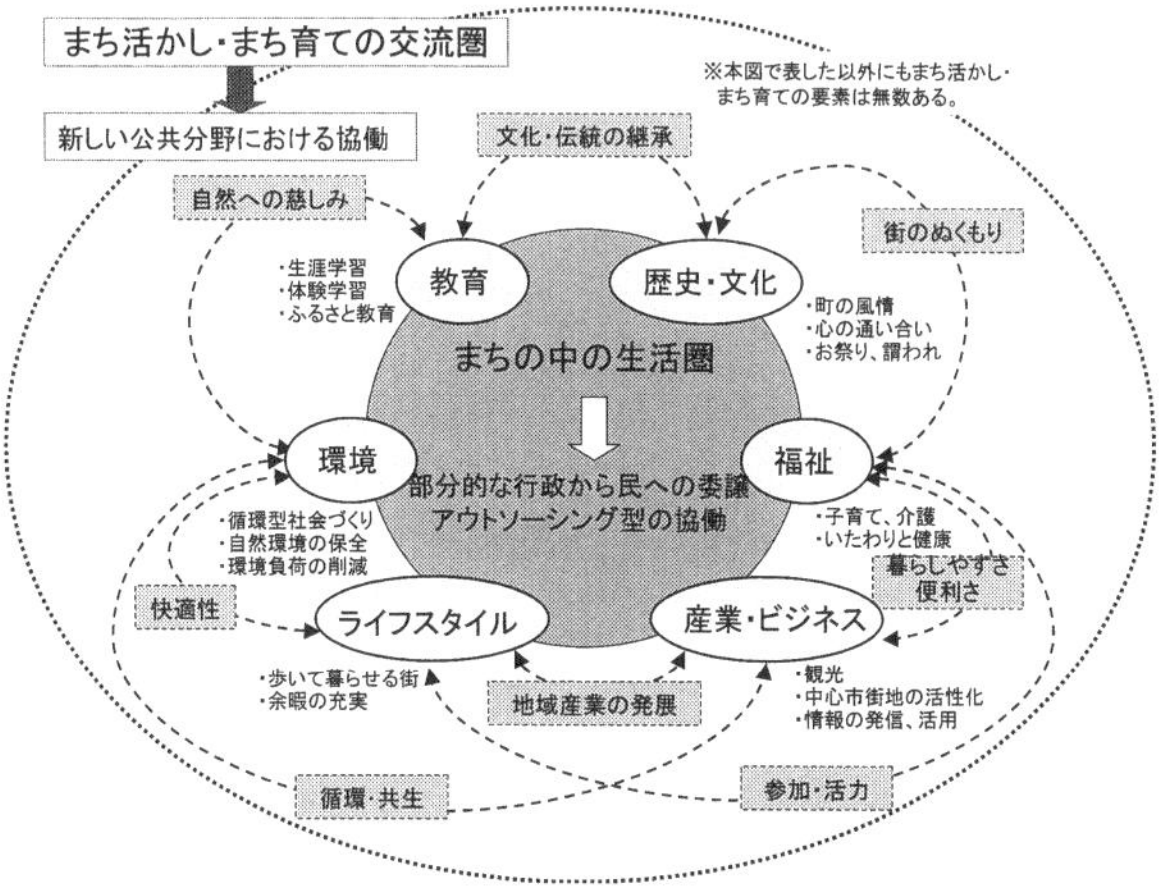

図２　まちの中の生活圏とまち活かし・まち育ての交流圏の概念

地域資源とは、その地に根ざす特徴的な箇所、要素、つまり地域の「まち自慢」的な要素ということになる。そして、その部分は何であるのかを主観的にも客観的にも知る必要がある。これらには具体性、抽象性に関わらず感覚的な素材と日常的な素材があり、いままで隠れていた素材もあったりする。また個々の素材のみで捉えるだけでなく、図3に示すように相互関係によって生み出されている事柄にも目を向ける必要がある。これまでなんとなく出来上がっていたまちであっても、機能的な部分や歴史・文化的な要素の中には継承すべき大切なこともあるので、まちの特性や資源を見つめ直し、これからの時代に求められるライフスタイルにあった形にアレンジしていく仕組みを地域全体でもたせることが、そのまちらしさを引き出すことにもなるはずである。

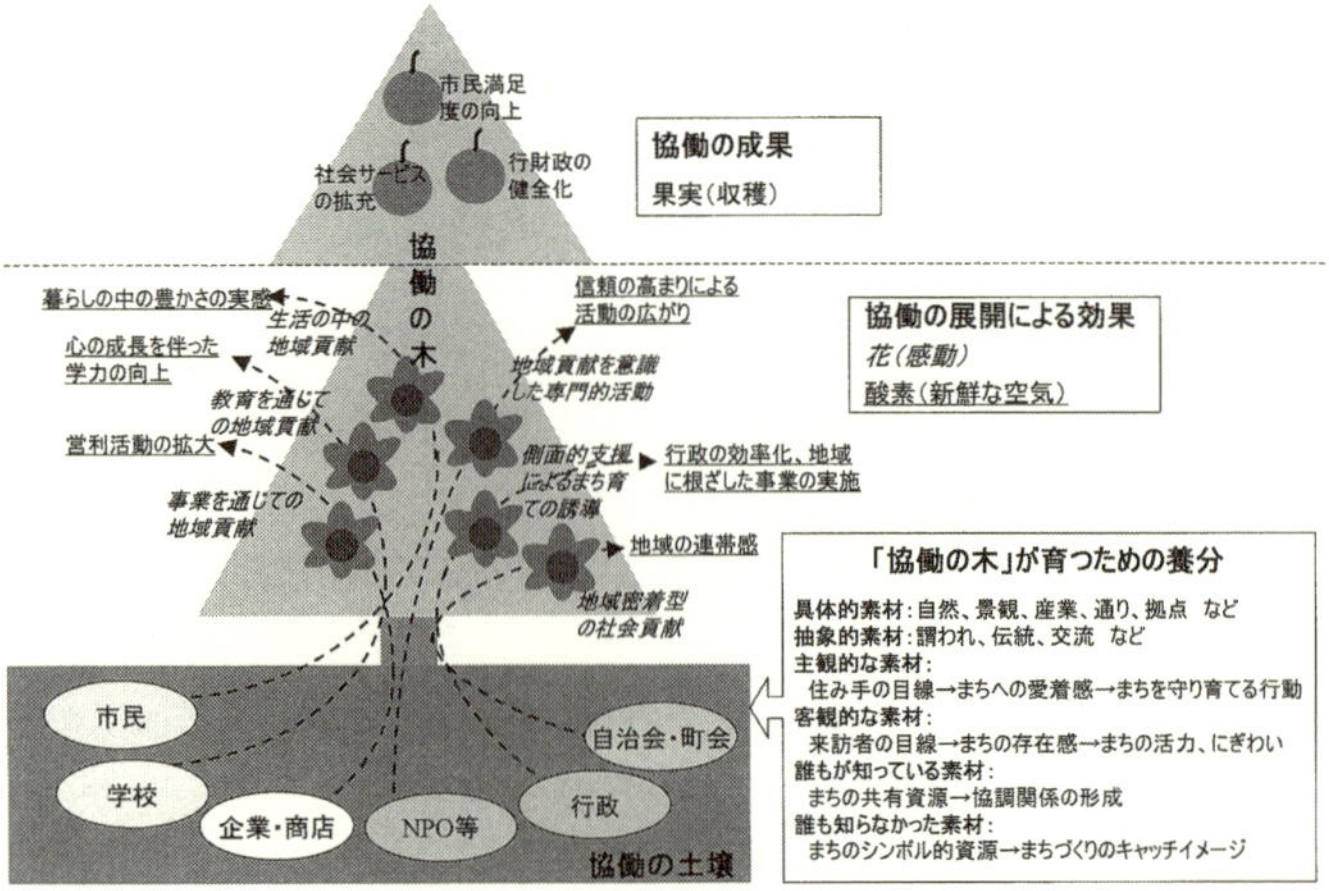

図３　まちの中の潜在的素材と活用のあり方

②多様な参加と役割の分担が「まち」をつくる

まちづくりは多様な参加と結集があって手がけられるもので、「意識醸成」と「合意形成」の手段やプロセスがきわめて重要な位置づけを持つことになる。ここでいう参加には、そのまちの住民はもちろん事業活動者も含まれてくるが、この段階ですべての関係者が関わることはまず不可能なので、活動の初動期は関係の深い者や意欲のある者に限定された動きとなることは仕方がない。意識をしなければならないことは、段階が進むにつれて一部の関係者の関心事から地域全体の関心事になるように広げていくこと、地域関係者のそれぞれの立場、得意分野（役割、仕事）が全うされることと、お互いの連携を意識し紡ぐことにあり、その広がりがまちを育てる原動力となる。それぞれの資源は誰によって育てられているのかをお互いに把握し、尊重しあうことがまちづくり作業の登竜門となるであろう。

その場合、行政は活動のレベルに合わせて手を差し伸べることが活動関係者を成長させることにもなり、その結果まちづくりにおいても広がりを持つことにもなる。**図4**には活動のレベルと行政支援との関係を示すが、この図において活動のレベルを正三角形とすると、左辺側に示す市民活動のレベルが初級的であれば行政の関与のレベルは学習的な啓発にとどまり、この段階での活動は逆三角形の下点部に表されるように活動による波及効果はあまりないといってよい。しかし活動が中級、さらに上級になってくると行政との関係は連携的、あるいはほとんど行政との連携を必要としない自立的なものとなり、波及効果も社会貢献度として補完的から包括的になり、これに付随するセクターの関わりも線的から面的になる。このような観点に立った協働プロセスの普及と誘導に向けて行政は計画的に支援プログラムを用意する必要があるといえる。

③協働プロセスの構築には　行政の創意工夫が不可欠

協働型まちづくりを実践していくには、事業の組み立て、すなわち協働の構築のあり方をいかに状況

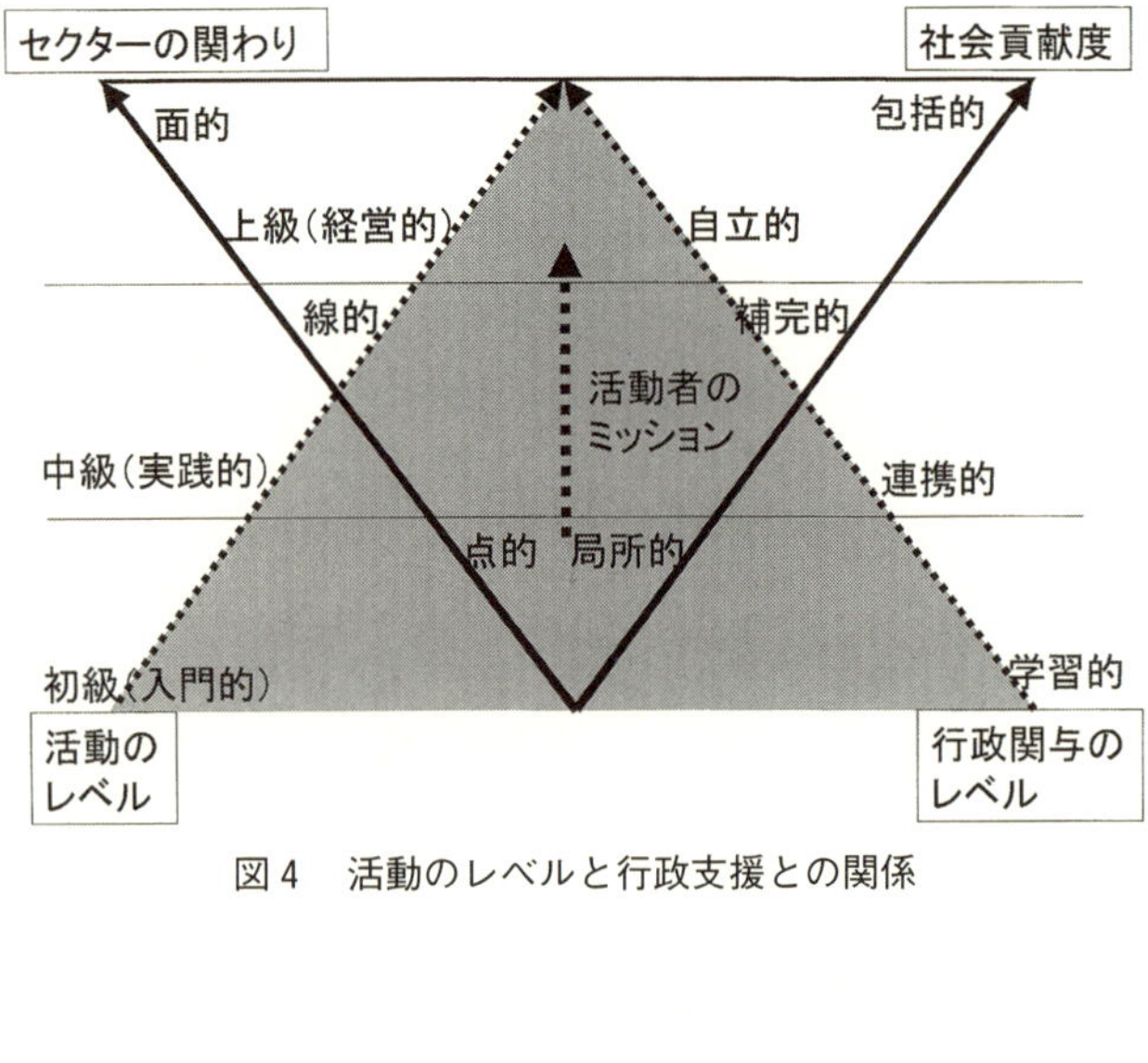

図４　活動のレベルと行政支援との関係

にあったものにするかが重要になってくる。ケースバイケースとなるが、いくつかのタイプに大別すると図5のような協働の構築形態を模式することができる。

Ｉ型はベーシックな協働形態による取組みで、国及び地方自治体が所有又は管理している公園や歩道などの土地を地域団体やＮＰＯが行政に代わって管理する形態で、最近ではアダプト（養子縁組）プログラムと呼ばれている。

Ⅱ型は里山や棚田などの保全などに活用されているケースに見られ、専門的な技術や知見を持っているＮＰＯがコーディネーターとして機能することで面的な活動が促進されるものである。Ｉ型と違う点は、民有財産の提供に対する公的支援策が具備されていないと成り立ちにくいことにある。

Ⅲ型は民間開発の力を活用することによる良好な

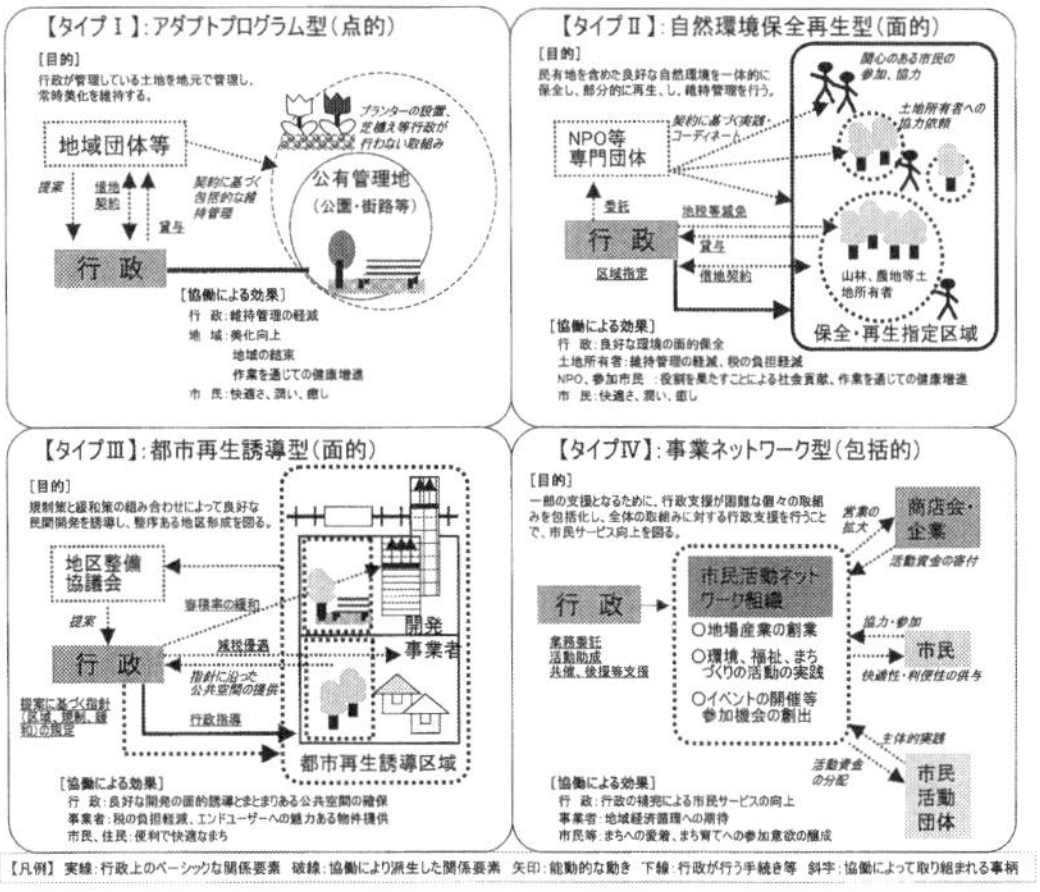

図5　協働型事業の構築形態と波及効果

まちづくりの誘導策であり、行政がオーソライズ（意思確定）した地区整備指針に沿って公共用地の供出をした事業者への見返りとして、例えば計画建築物の容積率を緩和したり、法人税や固定資産税等の減免をするというような、「等価交換」の仕組みによるものである。この手法は良好な企業や店舗を誘致する場合や、スプロール開発をくい止めながら集約的な開発を誘導する方法としても有効と考えられ、これも一種の協働型プロセスといえる。

Ⅳ型は具体的な事業に付随する協働ではなく、各種の社会貢献に資する市民活動を包括化する手法としての構築形態で、行政において特定団体への偏った支援となるような場合にネットワーク化することで公平性を確保する方法である。これにより同じフィールドで活動する市民団体間同士の軋轢を軽減することができたり、多様な協働事業効果を誘導することができるようになる。どちらかといえばⅣ型の展開は、ネットワークの中核を担う自立安定的なＮＰＯや市民活動団体が存在している場合において構築が可能で、協働型社会が熟成した段階においての仕組みである。

その中でも重要なことは、協働の関係の裏には「取組みに尽力した分、恩恵がある」かどうかにある。つまり、活動を通じての対価としては目的達成や課題解決のみならず、社会活動への生きがいや達成感を味わえることも必要で、それが取組みを持続的なものとするためのエネルギーとなる。そのためには活動に関わる者同士の相互関係が両者間で「等号」となることを常に意識し、活動の恩恵や対価が偏ったりすることがないように関係構築に努めることが肝要といえよう。

④パートナーシップにおける行政の果たすべき役割

図5に示したような協働型プロセスのⅠ～Ⅳのタイプ以外にも構築形態は様々なものがあるが、どの場合においても多かれ少なかれ行政の主導的または側面的な支援が必要となる。間違っても、行政が「市民との協働のまちづくり」と標榜しておきながら、市民団体等に仕事を丸投げして押し付けるようなことは行ってはならないのである。

おそらく自治体職員が協働を取り組むにあたって、「どこまで民事介入ができるのか」の壁に悩まされることは少なくないであろう。実はこの判断で協働事業が育つか育たないかに分かれ目がある。公平、公正のもと行政は全体の奉仕者であらねばならず、一部の奉仕のためであってはならない原理原則にのっとれば、民民の取り組みに関与しない姿勢を保たねばならない。しかし、民と民が各論で対立していても総論では同調の意向があるのならば、行政が関与できる領域が残されることになるので、その総論の意向を持つ民を抱括化することで行政対応は全体に対する奉仕という理屈が通ることになる。こうした民意の集約的な捉え方が行政には求められることになるであろう。

一方では、議会への陳情や請願によって行政を動かす手法もあるが、採択のシロクロを決めるよりも協働プロセスによって展開するほうが事業に柔軟性があり、地域にとって意義深い場合も多くある。そのようなことから、市民提案に基づく行政の意思決定の仕組み、合意形成の手段、役割や責務の明確化などを規定した自治基本条例や自主まちづくり条例の制定が全国各地の市町村で進んでいる。それと同時に政策決定を受けた協働事業を具現化していくための、既往の行政制度にはない幅の広い政策支援や財政支援が必要な場合もあり、「政策法務」や「政策財務」の発想と創意工夫が試されるところでもある。

そして何よりも肝要なのは、自治体職員は市民活動の提案や相談に対して窓口の反対側（市民側）に付いて話を聞き、現場に出向いて体験をし、五感で感じ取ったことを政策としたため、実現しようとする行動力こそが、協働における行政のミッション（使命）であるということである。そしてその成否は、行政のプロフェッショナルとしての自治体職員の姿勢と能力、そして熱意にかかっていることを忘れてはならない。

⑤対立から共生へ。それが「愛着のあるまち」への第一歩

通常、まちづくりに関わる関係者はとても多く、意志決定をするのも容易ではない。よって、

賛成の意見もあれば反対の意見もあるため、それが地域内での対立を生み、まちづくり活動そのものを暗礁に乗り上げてしまうことも少なくない。この段階で行政に手助けを求められるケースもあるが、前述したように特定の方々への肩入れとなってしまうため、行政としても関わりにくい。このような事態をさけるためには、賛成、反対があってもまずは動き出すことが大事であって、「各論反対→総論反対」ではなく、「総論賛成→各論条件付き賛成」の考え方で一歩一歩進めながら合意形成を図り、課題を解消するように努めることにある。

ここまでの動きは地域が当事者意識を持って進めなければならない課題ではあるが、各論条件付き賛成であっても地域全体での動きが伴えば行政の力添えも可能になってくる。その裏に付随して賛成者も反対者もお互いを尊重しあい、認め合うことになれば、多様性が生まれ、面白みのあるまちになるし、結果として愛着のあるまちが形成される可能性も見出されるはずである。それゆえ行政には、対立から共生へと促すコーディネーションの役割を果すことが多面的に要求されることになるといえよう。

⑥地域内から地域外に目線を向けてみる

まちづくりを考える場合、どうしても自らの地域のみの視野で捉えがちになってしまうが、その場合手狭なまちを創造してしまうことになる。地域外との連携が自地域への活力の誘導につながることが多く、地域内から地域外に目線を向けてみることも自分よがりのまちにしないためにも大切であるといえる。掛け合わせによる効果を考え、それが各々分断することなくまちの中で全てがつながりあうようにすることにも工夫が必要であろう。

4　おわりに

時代のニーズを受け止められるようなポテンシャルの高い地域では、自ずと良い素材を育て上げようとする動きが結集されるが、時代のニーズに応えきれないようなポテンシャルの低い地域では、かえって負の素材が寄せ集まりやすい。この傾向は、打開策がない限り良い地域と悪い地域の二極化はいっそう進むようにさえ感じられる。

「執念ある者は可能性から発想する。執念なき者は困難から発想する。（松下幸之助）」の格言があるが、行政は事業ができない理由を答えよと要求されれば10でも１００でも「できない」理由を並べがちで、それでは何の発展にもつながらない。これからの時代、まちに求められる要素は通勤通学の便利さだけで住む場所が選ばれるのではなく、付加価値として市民のニーズにかなう行政運営や、きめ細やかで心の通う市民サービスがどれほど手厚くなされているかが、今まで以上に住む場所を選ぶ上での最終的な決め手となってくる。自治体職員は、このことを肝に銘じながら執念を持って可能性を追求し、あらゆる協働型プロセスを駆使し、地域らしさの中に豊かさや暮らしやすさの感じられる「オンリーワンのまちづくり」を目指すべきであるといえよう。

5　自律的職員の形成

～キャリアデザイン研修～

佐野市人材育成センター　三関　浩司

1　自治体職員がキャリアを自覚する時代

自治体で現在20歳代の職員やこれから職員になろうと考えている皆さんには、自治体職員としてのキャリアをどのように作っていくのか、そのことを自ら問うことが必要な時代になっていると断言しておきたいと思います。

キャリアとは「ある人の生涯にわたる期間における仕事関連の諸経験と結びついた態度や行動における個人的に知覚された連続」と定義されています。（D・H・ホール『キャリアデザイン入門Ⅰ』大久保幸夫著・日経文庫）人は寝ている時間を除けば、何らかの仕事についている時間が長いわけですから、キャリアとは単に履歴書に書くための職歴などとは違い、自分自身が仕事とかかわり合いながら自らの人生をどのように作っていくのかという、一人ひとりの生き方そのものにつながっているものだと言えます。

21世紀の自治体を取り巻く環境は激しく揺れ動いています。そのキーワードは、少子高齢化、高度情報化、国際化そして地方分権です。同時に、今自治体で働く職員には、団塊の世代の大量退職に伴う大幅な減員と厳しい財政状況という中で、より効率的で効果的な行政経営を行うことが求められています。

また、能力実績主義評価や目標管理が言われ、人事評価制度の改革として今後数年の間にすべての職員が新しい人事評価制度の中で仕事をすることになります。

職員は大きな時代的変化の激流の中にあり、「自分のまちだけは、自分一人だけは」とその流れの外に生きることはもはや許されなくなっています。親方日の丸は過去のものとなり、右肩上がりの給料のワタリは輝いていた頃の足跡となりました。逆に、今や自律的なキャリア形成、自律的な学習、自律的な仕事への評価が職員に求められています。

しかし、これを時代が過酷になったと嫌がっていても仕方がないことです。今までのように、採用されれば雇用保険以外はすべてが揃っていて、医療保険の手続きからレクリエーションの世話まで細かなフォローがあり、退職まで「大過なく」過ごせばそれなりに第二の人生が家族と送れるといったことは、古きよき時代の思い出話となりました。でも、これからは、自分の人生を市役所や役場に預けるのではなく、大切な人生を自分自身で考え、宝物として育てていくことができるようになったのだと自覚してみようではありませんか。

20歳代の若い職員の皆さんは、退職する時に何を思うのでしょうか。「大過なく過ごした」ではなく、市民や地域のために働き、自治体をより良くするために改革をしてきたことを誇りに思い、使命感をまっとうしたことに満足して、天職を得たことを胸に家族からも祝福される・・・そうありたいと私自身思っています。

2　地方分権時代が求める人材育成

1997年、地方分権推進委員会からの勧告（『地方分権推進委員会第2次勧告』平成9年7月）を受け、国では行革の一環として、人材育成の強化を打ち出しました。

そこでは、政策形成能力の向上等を図るため、職員の資質向上と優秀な人材を確保する観点から共同研修の開催等による研修機会の多様化や研修レベルの向上、研修内容の充実に努めることが求められました。

これは、勧告から更にさかのぼって同年3月に「地方行政運営研究会第13次公務能率研究部会報告」が次のような点を強調したことが背景にあります。

（1）人材育成基本方針の策定、推進
・首長のリーダーシップとスタッフの充実
（2）基本となる人材育成手法の改革
・自己啓発の組織的推進～個人の自覚任せから組織的な支援、推進へ～
・職場研修の計画的実施～場当たり的な職場研修から計画的、自覚的な職場研修へ～
・職場外研修の改革充実～与えられる研修から参画する研修へ～
（3）職場のあらゆるステージの活用
・職場の学習的風土づくり～人を育てる職場環境の形成～
・仕事を進める過程の工夫・活用～人材育成の観点を踏まえた業務の管理・運営～
・系統だった人材育成の確立～人材育成の観点を踏まえた人事管理～

この研究報告と地方分権推進委員会の勧告を受け、旧自治省（現総務省）では、平成9年11月いわゆる『行革指針』（地方自治・新時代に対応した地方公共団体の行政改革推進のための指針）並びに『策定指針』（地方自治・新時代における人材育成基本方針策定指針について）を通知し、各自治体に人材育成システム改革の推進を呼びかけました。

『行革指針』

（1）人材育成基本方針を策定すること
・人材育成の目的、方策等の明確化
（2）総合的な人材育成に努めること
・OJT、集合研修、自己啓発等の適切な組み合わせ
・人材育成の観点に立った人事管理、職場風土等の改善
（3）多様な研修機会の提供と研修レベルの向上、内容の充実
・政策形成能力、創造的能力、法務能力等、地方分権推進に必要な能力

『策定指針』

（1）人材育成の目的の明確化
（2）学習風土づくり等の総合的取組の推進

（3）職員研修の充実、多様化
（4）人材育成推進体制の整備等
（5）人材育成基本方針を策定する際の検討事項

つまり、これからの地方分権時代に必要な新たな職員像を早急に確立し（人材育成基本方針）、それを元にした人材育成プログラムの徹底を自治体に求めているわけです。

3　研修制度改革と課題

私たち職員は、自治分権の時代における積極的な役割を果たすために、危機に強く、挑戦意欲があり、経営感覚を発揮できる能力が強く求められています。自治体の職員は地方公務員法で研修の機会を保障されており、それは能力を高めることで市民へ還元されることになります。

＊自治体職員に必要とされる能力については、『地域人材を育てる自治体研修改革』（土山希美枝著・公人の友社）に詳しく載っています。

しかしながら、職員研修（人材育成）はすべての自治体で同じように行われているわけではありません。佐野市の場合、職員研修は大きく3つに分けられます。第1に市が単独で行うもの（市単独）、第2にお隣の足利市との合同で行うもの（両広協）、第3に栃木県内の市町村が協力して行っているもの（栃研協）です。佐野市では、このうち両広協で階層別研修（職務経験が上がるごとに行うもの）を行っています。栃研協では、原則的には専門的な内容を管理監督者向けに受講してもらっています。そして、市単独研修では他の二つではカバーしきれない分野の研修を行っており、その意味では横だし、上乗せ的な研修と言えます。

市単独研修が充実している自治体は、一般的に人材の育成活用に対する意識も高く、研修経費も多いと言えます。地方分権の時代ですが、自らの自治体を担う職員の育成を他人任せにせず、自分達で行うことが原則であることは言うまでもありません。

ただ、小規模な自治体では研修担当の職員もおらず、厳しい財政事情を反映して研修経費が削減されているのが現実です。なぜなら、職員研修は、道路や学校を作ったり、福祉や医療の手当てをしたり、ゴミや病院の問題を直接解決したりはしないからです。あくまでも内部的な経費であり、コスト削減が厳しく問われる時代にあっては、まず真っ先にその標的になってしまうような脆弱な存在だからです。

また、人件費の抑制を目指す各自治体では、退職者の不補充や3分の1補充など苦しいやりくりをしており、採用者も減少して一自治体では研修生が少なすぎて講座が組めない事態も起こってきています。そのために、県内では、ほぼ群単位のブロックがあり（両広協もその中の一つ）合同研修を行ってきました。ただ、近年の合併によってその構成する自治体が激減し、ブロックでも、栃研協のような県内全域の研修組織でも財政的に厳しい状況に陥っています。

そこで、栃研協に参加する自治体では、従来ブロックで行ってきた階層別研修を栃研協の事業として集中させ、ブロックの負担を軽減するとともに、栃研協研修を新採職員研修のような階層別から管理監督者の専門研修までトータルなものとして再編しようという改革を議論しているところです。ただ、事務局の強化や間借りしている県の研修施設の問題など、解決しなければならない課題は少なくはありません。

こうした時、自分の自治体単独ではできないけれど、みんなで一緒にやってもらえば何とかなるのではないかという形になると、自前での人材育成という意識はどこかへ飛んでしまいます。自治体の持っている地域の課題は異なっているはずであり、「期待される職員像」も判で押したように同じではないはずだと思うのですがいかがでしょう。

大切なのは、「自分のまちの職員は自分で育てる」という意識であり、その上で効果効率を考えた運営の方法を選択することだと思います。栃研協改革でも、階層別からのトータルな研修を行うことは県内全域の職員能力の底上げに必要ですが、だからと言って、栃研協に人材育成を丸投げしようというのでは本来の改革趣旨からはずれてしまいます。各自治体が単独での横だし、上乗せを工夫すべきだと感じています。

4　自律的な能力開発

自律的能力開発とは「職員が、組織の一員としての自覚と責任のもと、中長期的な目標に向かって能動的かつ計画的に進める能力開発を進めていくこと。」（自治研修協議会）

このような定義を見ると難しそうで、自分には関係ないやと思われるかもしれませんが、国が進める公務員制度改革の中で、「目指すべき公務員像」として「自ら能力を高め、互いに競い合う中で、使命感と誇りを持って職務を遂行し、諸課題への挑戦を行う、国民に信頼される「公務員」が掲げられているように、従来以上に自ら能力を高めることが要求される時代になっています。（「公務員制度改革の大枠」内閣官房）

そうした中、職員は従来の研修に頼ることなく、自ら進んで学習し能力の向上に努めようということで、ＯＪＴ（職場研修）が強調されています。また、自己啓発支援のための助成金交付なども行われています。

ただ、こうしたいわば従来からの研修システムに乗った枠内での取り組みに期待をかけすぎるのはいかがなものでしょうか。ＯＪＴは職場を離れずに行えるため効率的だという考え方がありますが、職場を離れての集合研修では現在ワークショップ型の研修が多く、他の自治体や職場の職員との交流により研修テーマ以上の成果を上げることが、参加者アンケートなどからもうかがえます。

また、自己啓発支援策でも、私費での研究や研修参加に職専免（本来の職務に専念する義務を免除して研修などに参加させること）を与えることすら、「年次有給休暇すら消化できないのに与える必要があるのか」という意見が健在であるような庁内事情のもとで、果して自ら進んで出る杭になろうという意欲的な職員を育てることができるのでしょうか。

佐野市では、宇都宮市に次いで県内二番目にキャリアデザイン研修を導入し、20歳代、30歳代、40歳代の特定年齢の職員を指名してこの研修を行っています。

役所や役場に入って以来、日々の仕事や家庭生活に追われて「忙しい忙しい」と言っている間に、また「まだまだ若いから」と思っているうちに私たちは自律的に生きるということを忘れてしまうのかもしれません。立ち止まって考えるなどということは、入所以来無いに等しいのではないでしょうか。
キャリアデザイン研修では、個々の職員が自分の強みと弱みをつかみ、現代社会においてどのような職員像が求められていて、そのためには自分が何をしていけば良いのかを考えさせます。この研修では、何か知識を与えるのではなく、個人の振り返り、内省を強く求めます。その作業を通過することが、職員個人の能力を引き出し、組織の持つ力を最大限に高めることにつながると期待されています。

参加者からは、「節目節目で自分の人生を振り返ることの大切さを知った」あるいは「自分を見つめ直すには最高の研修だった。メンタルヘルスにも役立っていると思われ、心のケアにもなると思います」との意見も寄せられていました。

また逆に、悩みをかかえる若い職員からは「二日間の研修は今の自分にはとても厳しいものだった。自分を見つめ直すのは、つらい作業だ」との意見もありました。ただ、その職員も二か月後には、「やはり気付かないまま突き進むより良かったと思います。」とのメールを送ってくれて、企画者としての幸せを感じたりしています。

こうした研修は、個々人のサポートと勘違いされることがあります。しかし、これからの自治体では何事にも自律的な職員が求められており、そのためには自治体で働くことの意味を自分自身でつかみ取れるような人間が必要なのではないかと考えます。

公務についたことを天職と感じられる職員の輪が広がった時、力強い自治分権の時代が始まるのではないかと考えています。指示されることなく、市民とともに生きることを誇りとする職員が主体となる時代です。

6　地域自立のプロデューサーをつくる

～三重県自治会館組合の取り組み～

三重県自治会館組合　杉谷　知也

1　研修の重点目標

「自ら考え、気づく。そして自分が変わる」、これが目指すべき研修の成果イメージである。

現在、自治体には、市町村合併、財政難など様々な問題が山積されている。しかも、地域や住民が主体となった、新たな地域づくりの方向性が求められている。そのため、自治体職員は新しい職員像を自分自身で考え、自ら変わっていかなくてはならない。

しかし、他人が自分や周りの世界を変えてくれることを望んでいるうちは変わることはできない。人が変わっていくためには、自分が見、聞き、体験することを通して、自分自身の行動を変えることが必要になる。

三重県自治会館組合の研修は、色々な人々や地域との出逢いにより、私が変われば地域も変わることを自覚し、あるべき自治体職員像を自ら考え、これからの地域のあり方や課題を探る手がかりを提供することを目的としている。

2　三重県自治会館組合での研修実践（特に独自性のあるもの）

(1)　ツーステップ研修（階層別研修として実施）

●目的：次の4点を目標としている。

・自治体職員としての創造力・発想力・企画力を強化する。

・積極的な発言・質問ができるようにする。

・地域づくりのキーパソンと出逢うことにより「こういう人になりたい」、「がんばればなれる」というような自治体職員の理想像を描かせる。

・キーパーソンと交流をすることで、自分の世界を一歩広げるようにする。

●対象：採用後3年以上6年未満の職員（三重県内市町）

●**講師**：コーディネーターと地域づくりの現場で活躍をしているキーパーソン2人をゲストとして招く。

ゲストにはできるだけ自治体職員と民間人、男性と女性とを組み合わせる。

●**内容**：講義及び対談、グループ討議。

●**プログラム**：2日間の通所研修

1日目はコーディネーターとゲストの講義。その講義の後、研修生に質問表を配り、それぞれのゲストに対する質問を1問ずつ書いてもらう。

2日目は、午前中、コーディネーターとゲスト2人との対談を通じて、前日のゲストの講義を補足、わかりにくいところを解明、あるいは掘り下げ、新たな話題を引き出すようにする。前日の質問票もここで活用する。午後はテーマにもとづくグループ討議。討議後に発表、その後で、どのグループの発表がよかったかを研修生に投票をしてもらう。最後にコーディネーターが講評と締めくくりをする。

●**研修後の様子**：すべての研修生ではないが、コーディネーターやゲストと名刺交換をするものが現れ、後日、手紙のやり取りなどが始まっている。

(2) スリーステップ研修（階層別研修として実施）

●目的：地域固有の風土・歴史・生活文化を見つめ直すことの重要性に気づき、足元からはじめる地域づくりを考える。そのための有効な手法である地元学を体験的に学ぶ。
●対象：採用後6年以上の職員（三重県内市町）
●講師：研修地となる地元の人たち。地元学実践者。
●内容：フィールドワークとワークショップ
●プログラム：2泊3日の宿泊研修（民泊）

1日目に地元学の基本と方法についての講義を受ける。その後グループ別に分かれ、地元を案内していただく方から、少し地元の特徴を聞いたあと、地元を歩いて気になったものを写真におさめ、聞き取りをする。その後、聞き取った中で興味をもったことを発表し、ポストイットを使い整理し、調査のテーマを絞っていくワークショップを行う。夜は地元の人との交流会で、交流と同時に昼間の聞き取ったことを深め、新たな聞き取りを行う。

2日目はテーマを決め、さらに小さなグループに分かれながら、地元の人から聞き取った情報をもとに資源カードや、絵地図づくりを行っていく。

3日目は午前中、作成した絵地図を中心に、ワークショップを行う。絵地図の活用の仕方や、つくった絵地図から何が見えてくるのか、地元への提言も含めて研修生と案内していただいた地元の人たちを交え、話し合う。午後から、絵地図とワークショップの結果を発表する。その後、講師からの講評。作成した資料を、全て地元の方にお渡しをする。

●研修後の様子：民泊先の住民の方と研修生との手紙のやりとりや、研修生がもう一度、研修地を訪れたりしている。

大紀町、大台町で独自に地元学を活用した地域づくりを始めている。志摩市でも、市の方針として、三重県自治会館組合のスリーステップ研修を毎年、地元で受け入れている。

地元の人々を中心とした、清掃活動や、料理づくりの実践が少しずつ行われている。

(3) 地域クリエイター養成塾

●目的：市町職員と県職員を対象に、個性豊かな地域づくりを推進するうえで欠くことのできない人材を育成する。

●対象：市町職員および県職員で、今後、地域づくりの様々な場面においてリーダーシップを発揮することが期待される職員。
概ね、30歳から45歳の中堅職員。（企画担当職員に限らない）
市町職員と県職員（三重県内）

●講師：ツーステップ研修と同様に、コーディネーター（塾長）と地域づくりのキーパーソン（自治体職員および民間人）。

●内容：主として全国各地の地域づくりの先進地を実際に訪ねて取材すること。

●プログラム：
①開講式および第1回研修会
午前中は、塾長からこの研修会の目的を話してもらい、その後、時間を決めて自己紹介を行う。午後からは卒業生を含め、塾長、研修生、卒業生の三者でディスカッションを行い、研修の目的をより深く理解させる。
②サマーセミナー（第2回研修会）
2日間の宿泊研修。塾長の他にゲスト2名を招き、講義と質疑、ゲストとの交流会を行う。また、2日目に先進地取材先を決める。

③第3回研修会

主として取材の仕方を学ぶ。午後はサマーセミナーと同様、2人のゲストを招き、交流会を行う。ゲストは2回の研修会を通じて先進地取材の各コースから1名ずつ招くように配慮する。

④先進地取材

18年度は、福岡県北九州市門司区―大分県臼杵市―福岡県大牟田市、宮崎県南郷村(現：美郷町)―椎葉村―五ヶ瀬町、徳島県徳島市―上勝町―高知県馬路村、岩手県釜石市―遠野市―葛巻町の4コースで行った。

⑤第4回研修会

先進地取材後の研修会として、県外だけでなく、県内で活躍するキーパーソンのことを学ぶ。

⑥レポートの作成と提出

先進地取材先を、一地域について400字詰め原稿用紙5枚。(ただし、過不足は認めない)

⑦報告会

一人ひとりが取材の経過、学んだことなどを口頭で報告。その後、塾長および出席した卒業生の質問を受ける。ただし、取材はグループですが、報告はすべて個人で、したがって、他の同行者の報告と差異がでる方が好ましい。

⑧合同総括取材

本研修の最後の締めくくりとして、塾長が同行し取材を行う。研修生だけではわからないところを塾長から解説を受けることにより、成功の裏にある、過去の経緯（どういった状況から立ち上がってきたのかなど）、独自の仕掛けや仕組み、話されてこなかった事実に触れる。

3　研修の経緯

市町村への研修プログラムは、当初、三重県庁が提供していたが、平成11年度から三重県自治会館組合が研修事業を引き継いだ。

引き継ぐにあたり、平成9年度から、新しく研修プログラムを作成するため、36名の研修担当者が各自治体（当時69市町村）から参加し、市町村職員研修検討委員会を立ち上げた。そして、2

年間の議論を経て、自らの手で研修プログラムをつくり上げた。

※三重県自治会館組合は、三重県内29市町を構成員とする一部事務組合で、「三重県自治会館の運営」と「市町職員研修」を業務内容としています。

4　研修の特徴

(1)　ツーステップ研修

○通常の研修は講師の講義を聞き、質問があればしてもらい、答える程度で終わるが、ここでは2日目に対談の時間を設け、2時間にわたって、コーディネーターが2人のゲストに質問をすることで、初日の講義の足りない部分を補い、わかりにくいところを解明し、さらに新しい話題を引き出すことで、講義を掘り下げ、幅を広げる。

○質問も、ただ求めるだけでなく初日の最後に、全員に質問票を配り2人のゲストに1問ずつ質問を書いてもらう。その一部を翌日の対談のなかで活用し、また、対談の場でも質問を促す。なお、質問は講義に対するものだけでなく、研修生の普段の悩み、疑問でもかまわないことを言い添える。

○グループ討議の最後に投票をしてもらうのは、自分のグループの発表が終わったあとも、他のグループの発表に、きちんと耳を傾けてもらうための措置として行うものである。

(2)　スリーステップ研修

○座学ではなく、県内のある地域において行う。

○研修生は、地元の人の案内と、地元学実践者の指導により、地元にないものを探すのではなく、地元のあるものを探す。また探したものを資源カードや絵地図として作成する。

○研修生は３人～５人くらいに別れ民泊をする。地元と研修生の交流をうながす仕掛けにしている。

○１日目の夜は地元の方との交流会を行っている。その食事内容については地元の食材を使った、地元の料理をお願いしており、地元での食文化を学ぶ場としている。

○できあがった資料を全て地元へ残しているのは、地元の人による活用を願っているからである。研修生は地元学のノウハウを学び、それを自分の地元へもって帰る。

(3) 地域クリエイター養成塾

○普通は「視察」というところを、ここでは「取材」としている。視察とは、主にその地域の「現在」を学ぶもので、説明も現在の担当者から受ける。しかしそれでは、どんな問題点を持っていたのか、どのように解決してきたかを学ぶことはできない。取材は、その地域が現在の姿になった、そのつくり方を学ぶもので、説明もスタート時点の担当者、仕掛人から受ける。つまり、活動の出発点にさかのぼり、活動を始めたときの地域の状態はどうであったのか、何を目指してきたのか、仲間や反対者の様子、問題点、課題、失敗をどう乗り越えて、どのように修正しながら、今にいたったのかを探る。

○市町職員と県職員が研修を受けることにより、市町職員には県の立場を、県職員には市町の事情が理解できるようになる。

○先進地取材は3名で一組のグループをつくり、取材コースを設定する。取材地とコースは塾長が指定。塾生はそのなかから選ぶ、希望が重複すれば抽選。

○取材先への連絡、経路の選択、日程の調整はグループ内で役割分担を行う。ただし、レポート、取材への下調べ、取材時の重点のあて方、発表は各個人が独立して行う。それぞれが見てきた、聞いてきたなかで、違いを出させるようにしている。
○各回には自費参加ではあるが、交流会を設定し、講義と質問では聞くことができない情報を引き出すように、事前に交流会と宴会の違いを説明し、塾生同士の歓談をするのではなく、ゲストと話し、相手の情報を引き出す場であることを徹底させている。
○募集段階で全日程を明らかにし、全回出席を義務付けるという、非常に厳しい条件を受講団体へ課しており、研修の重要性を訴えている。
○本研修を平成4年より行っており、現在260名の卒業生がいる。卒業生は、プログラム中の先進地取材以外は参加が自由で、交流会にも出席できる。塾長と卒業生のディスカッション、交流もこの研修の特徴である。
○開講式での塾生の自己紹介、報告会での発表は指定した時間（5分～8分）を正確に守ってもらう。決められた時間のなかで発表を行うことにより、自分の伝えたいことを要領よくまとめることを学ぶ。
○全国各地の地域づくりの先進地を取材し、県外先進地のキーパーソンと交流をすることにより、地域づくりの人的ネットワークづくりを目指す。

(4) 研修全体の特徴

その他の研修についても、次のことを注意し、研修の組み立てをしている。

○研修生については、募集対象職員をなるべく絞り込まず、いろいろな考え方を持った職員が参加できるようにしている。

○学問的な話や制度論だけではなく、地域の現場で悩み、実践し、解決してきた、実践者と意見交換するなどキーパーソンから学び、刺激を受ける。

○今行っている仕事の本質的な問題点や、違った解決策に気づき、自分でやってみたいと思う機会を提供する。

○知識の習得だけではなく、自分がここまでしかできないと思っている状況から、一歩広げるようにし、自ら考える力を養う。

5 研修の全体像

研修のコンセプトには、「これからの地域のあり方や課題を知ること」「あるべき自治体職員像を自ら考え実現していくこと」を展開するために、次の視点を取り入れている。

少なからずこれまでの自治体は、県や国の指導により、全国画一的な地域づくりを展開してきた。しかし、これからの地域づくりは、それぞれの地域における風土、歴史、文化、くらし、人のつながりをもう一度見つめ直し、もう一度そこから、地域の個性とは何であるのかを学び直す。その上で、地域にある資源や人財、困ったことや課題を組み合わせることで、新しい地域の仕組みづくりや、仕事づくりが創造できることを知る。そして、それに挑戦する職員の気力と能力を育む。また、地域の自立に向けたプロデューサーとしての役割ができるようにしていく。

7　公務を預かる人としての変わらない仕事の仕方

～心の置きどころを定め、時代に合わせて対応する～

財団法人 ふくしま自治研修センター　坂口　正治

本稿では、いつの時代でも通じ、実践されてきたことを書きました。それは、公務を預かる人としての心の置きどころ、時代と社会の変化を読む観察力、そこから生まれる構想力とそれを実現する力、それを貫く底力についてです。

1　心の置きどころ

公務を預かる人としての心の置きどころを表した詞は、各地域に残っています。たとえば、私が住んでいる福島県内で言えば、二本松藩主丹羽高寛公による戒石銘（寛延2〔1749〕年）があります。その内容は、武士がお上からいただく俸給は、人民の汗と脂の結晶である。このことを人民に感謝せず虐げることはたやすいと思うだろうが、天に対して、その気持ちや行いをあざむくことはできないというものです。

また、お隣の山形県では、米沢藩主上杉鷹山公が次代藩主上杉治広公へ贈った伝国の詞（天明五〔1785〕年）があります。国家（米沢藩と上杉家）は先祖より子孫に伝えていく国家であって、藩主の私有物ではない。人民は国家に属する人民であって、藩主の私有物ではない。国家と人民のために立てた藩主であって、藩主のために立てた国家と人民ではないというものです。武士、藩主を公務を預かる者と置きかえて考えてみれば、いずれも今の時代に通じる心の置きどころを表した詞と言えます。社会の安寧と豊かさを実現することに対する役割と責任、その大きさを自覚し行いの起点とすることを促しています。

2　時代の変化

この心の置きどころに、時代の状況を考えれば、それぞれの職務で何をなすべきか、自ずと分かるのではないでしょうか。

2000年地方分権改革によって、自治体行政・議会は地域社会の安寧と豊かさの実現に対する役割と責任を一段と大きく持つことになりました。つまり、国の指揮監督の名のもとに役割を果たし責任を国に預けるものから、自治体行政・議会が自らの決定によって行いその責任を自ら負うことを法によって認められたのです。

日本国憲法とそれを具体化する法律ができてから半世紀以上経ちました。その間、社会を取り巻く状況はすっかり変わり、人々の生活スタイル、人生観、いきがい、働きがいも大きく変わりました。わが国の社会の安寧と豊かさの実現のためには、国の構造を時代の移り変わりに合わせたものに改革しなければなりません。2000年地方分権改革は、まさにその一環です。

地域社会の安寧と豊かさを実現するための政策や場を提供するのは、自治体行政・議会だけではありません。しかし、自治体行政・議会は、住民の皆さまの負託を受け、専ら地域社会の安寧と豊かさの実現のために設立されている点、税金を預かり住民の皆さまの思いを政策の事業化・予算化・制度化によって具体化する点、地域社会のルールを決定する点、国のルールを地域社会の事情を考慮して運用する点など、他の主体と比べて、その役割と責任はとても大きいことに変わりはありません。もちろん、役割と責任の果たす方法は、時代に合わせて変えなければなりません。

加えて、国際社会、国内社会、地域社会で、公正性と透明性を求める力が強まっています。それに対応できなかったがゆえに、倒れていった多くの経営者を私たちは知っています。行政改革の推進に関する法律（平成18年法律第47号）が制定され、簡素で効率的な政府を実現する動きが強められる中、大きくなった役割と責任を果たそうとするならば、限られた資源を地域社会の安寧と豊かさの実現のために有効に活用しようと、これまで以上に考え抜き、実現のための努力をしなければなりません。

3　働き方の変化

公正性と透明性を確保し、限られた資源を簡素な組織（事業・人員・予算）で効率的に活用し、地域社会の安寧と豊かさを自己決定・自己責任の原則のもとに実現するよう、時代は要請しています。公正性は、法によってのみ担保されるのではなく、多様な価値観を持つ人たちの意見交換を通して得られた妥協点によって担保されます。地域社会の安寧と豊かさは、簡素な組織となった自治体行政・議会だけで実現できるものではありません。限られた資源を前提とした政策づくりと実現には、住民の皆さまの納得と協力が必要です。

住民の皆さまに納得と協力を求めるならば、選挙によって選出された代表者である首長、議会、自治体職員が議論し検討したというだけでは政策提案の理由としては物足りません。住民の皆さまの思いと暮らしの現状を起点に考えた自らの案を関係する方々にお伝えし、それをもとに意見交換し政策を練り上げることが大切です。それは、自治体行政・議会に、住民の皆さまから見た常識を吹き込むこと、さらに言えば、住民の暮らしの安寧と豊かさを実現するために存在する政府たる自治体行政・議会の本来の姿となることを意味します。それを支えるのが、経営状況や決定根拠とプロセスの透明性と判断に必要な情報の共有です。

実現するべき政策が自治体行政・議会の独善的なものではなく、住民自らのものであるという自覚は、納得によって生まれます。その自覚が自発的な協力を生み出すのではないでしょうか。自発的な協力は、仕方なしの協力よりも良質なものを生み出す可能性を大いに秘めています。

4　構想力と地域社会

地域社会の安寧と豊かさの実現の程度は、その地域に関わる人たちの構想力、特に公務を預かる人たちの構想力によります。大きな政策だけではなく、日々の仕事における選択のわずかな積みあげの差が自ら、組織、地域の将来を変えます。

自治体職員が構想力を高めるためには、机上の知識のみではなく、庁内、地域社会、他の組織の人たち、他の社会の人たちとの交流を通して、世間を拡げる必要があります。それによって、確かな知識と多様なモノサシを知り、見識を高めることができます。世間を拡げ見識を高めることによって、地域社会の皆さまへお伝えする質の高い情報や案を自らで築くことができます。それを聞くことができる自治体の住民の構想力はさらに豊かになります。

世間を拡げ見識を高めるためには、ネットワークづくりが必要です。仕事の一環で、分掌された事務以外の世間を知る機会を持つ自治体職員はいいのですが稀です。ほとんどの方は、分掌された仕事以外のところで、世間を拡げる機会と見識を高める努力が必要となります。

世間を拡げ見識を高めるための場は、各自治体の研修所、大学・大学院、自治体学会、自治体職員有志の会など、様々なものがあります。しかし、それらの場に参加し情報を得るだけでは足りません。自らの自治体内の異分野交流や近隣自治体間との情報・技術交換に積極的に参加しその成果を周囲に還元する、あるいは他の職員が世間を知る機会を設けるなど、財を共有する度量が必要です。この努力の積みかさねによって、信頼と新たな財を得ることができ、現在のみならず、将来職責が上がった時に発揮できる力が高まります。

信頼を得るとともに財を還元する姿勢は、地域社会の皆さまに対するものにも通じます。公務に携わる自治体職員は、地域社会の安寧と豊かさを実現するという観点からの社会的な関係を紡ぐという立場にあります。その自治体職員の日々の心がけによって紡がれる関係性が地域社会に及ぼす影響は計りしれません。

5　時代を創る人の思いと記憶

住民の皆さまの思いと現場の状況からの視点で、地域社会の安寧と豊かさを実現のために活動する、それがいつの時代にも変わらない公務に携わる人たちの起点です。この起点から、現在の自治体行政・議会のあり方や日々の仕事のあり方まで、様々な課題が見えます。これらの課題に対して、組織的に、あるいは個人として果敢に挑戦していくことが大切です。また、必要ならば、国にルール・事業の見直し・廃止や設計を求めることも必要です。その視点、その動きを確かなものとするのは、首長、議会だけではなく、自治体職員、住民の皆さまによるところが大きいです。

私はこれを起点に２０００年分権改革という偉業を成し、今もそれを具体化しようと日々挑んでいる研究者の方々、その動きを支える首長・議員の方々・自治体職員、あるいは地域社会の安寧と豊かさの実現のために日々邁進する首長・議員・職員の方々を知る機会に恵まれました。その方々の思いと実践ぶりを目の当たりにするとき、自らの至らなさと浅はかさを知り恥ずかしい思いをします。

その中のある自治体職員の方は、約20年間、首長とそりが合わず、いわゆる閑職と思われている部署で働き続けました。しかし、めげずに現場起点からの実践と工夫に努めた結果、今はその分野で全国的に活躍し、国の審議会の委員もいくつも務め、現場で得た見識を他の地域や国に還元しています。国にもルール・事業の設計や見直しには、現場の確かな見識が必要であるという思いを持つ方が何人もいること、その自治体職員の方は現場の状況を反映した国のルール・事業の見直し、廃止、設計をしてもらいたいという思いがあること、それらが合い現在のご活躍があります。その自治体職員の方は退職まで後数年を数えるようになりました。「どんな部署に行っても、住民の暮らしの安定と豊かさのため、現場から何を成すべきか考え実践することが自治体職員の本務だとやっていけば必ず成果は出る。世間や政権も移ろい、自分の仕事の成果もその時々で見られ方も変わるだろう。しかし、一回きりの人生だ。自分が満足行く生き方をし、そのための選択と責任を自分で持つ。そして、その最大の成果は自分自身の心の置きどころで計りたい」

というメッセージを全国行脚で伝えられています。この方だけではありません。先に紹介した方々は、言葉は違えども、同じ志と実績をお持ちです。その思いとご活躍を目の当たりにするからこそ、私も頑張れます。

国全体に限らず、それぞれの地域にも、昔より続く公務を預かる人たちのあり方がありますし、誇り高い仕事もあります。私の見聞きしている範囲ですが、そのような先人の記憶が今の公務を預かる人たちに受け継がれていないように思います。時の移ろいとともに、この世界にも新しい方が増えます。価値観の押しつけではない先人の記憶の伝達も私たちにとって重要な時代の役割だと思います。

6　それぞれの役割と責任

一方で、首長、議会、管理部門担当課、幹部職員は、自治体の経営者あるいはそれを直接支えるブレーンです。その方々が地域社会の安寧と豊かさの実現に果たす役割と責任の大きさは、他の自治体職員と比べてとても大きいことは言うまでもありません。地方自治の激変期にあって、人材が整っても制度や仕組みが整わなければ機能せず、制度や仕組みが整っていても人材が整わなければ機能しない、バランスが大事だと特に痛感されているのではないでしょうか。制度や仕組みが公務を預かる者としての心構えに大きな影響を与えます。私の見聞きしている範囲ですが、給与減、職員削減の危機、公務員批判の洗礼、慣習・法令・上司の意向のみの指示だけでは働く意欲がわかず、住民の皆さまのためにと誓った入庁時の思いも色あせ、役所は自分の夢を実現する場ではなく衣食住を得るための手段であると割り切って日々の仕事をされている人が増えているように思います。自治体職員が、生活者視点に立った創意工夫を大いに発揮できるような制度や仕組みづくりに邁進することも首長、議会、管理部門担当課、幹部職員の大きな役割と責任ではないでしょうか。

自治体職員、首長、議員の皆さまをはじめ、公務を預かる方が、その心の置きどころを定め、時代に合わせて対応するならば、地域社会の安寧と豊かさの実現は確かなものとなるでしょう。

8　自治体職員の実践的心得

～市民参加を促進するために～

まちづくり政策研究会　田中　富雄

1　市民参加の必要性と効果

(1)　市民参加の必要性

自治体職員には、人口減少社会の到来など自治体を取り巻く環境の変化に対応して、不断の自治体再構築に取り組むことが求められている。そうしなければ、自治体は市民の信頼を失い、プライマリーバランスの確保もできず、その行き先を見失うことになる。

政治的主権者である市民は、選挙により議会（議員）や首長に政治的負託を行っているが、この負託は白紙委任ではない。必要に応じ、市民がリコールなどの直接請求制度（直接民主主義）

を活用したり、パブリック・コメントなどの日常的な市民参加制度を活用して政治的主権を行使することを前提としている。代議制が有効に機能するためには、市民参加が必要不可欠である。

政策主体の多様化が進みつつある現代日本の地方自治において、自治体議会及び自治体行政への市民参加の多様な手法を確立し制度化し実践することは、さまざまな政策主体が担う政策により当該地域を共治（ガバナンス）するために、また当該自治体の政策を効率的に実施する上からも、自治体議会及び自治体行政に課せられた大きな課題である。

自治体議会（事務局）ないし自治体行政を担う自治体職員には、自らの業務における具体的な市民参加手法を確立し実践することが求められている。

本稿では、市民参加を促進するために、以下、①市民参加の効果、②市民参加を妨げる要因、③自治体職員に求められる実践的心得について述べる。

(2)　市民参加の効果

これまで市民参加については、１９７０年代以降、全国各地で無作為抽出アンケート、市政モニター、意見・アイデア募集、公聴会、住民説明会、シンポジウム、パブリック・コメント、ワークショップ、審議会、市民会議、それらの組み合わせによるものなど様々な取り組みが行われ実績を挙げてきた。

市民参加には、①政策課題についての統計的把握ができる、②新たな視点を得ることができる、③定期的に実施することにより動態的把握をすることができる、④討論や意見交換により新たな発見ができる、⑤意見に対する意見を求める側（議会や行政）の考え方を公表することで議会や行政の考え方をより正確に伝えることができる、⑥専門性を確保することができる、⑦合意形成・協働促進・自治力向上に役立つなどの具体的効果がある。

2　市民参加を妨げる要因　～市民参加に対する政策主体等の認識～

市民参加は、このような効果を持つが、各政策主体等は、市民参加手法を妨げる意識を有している。例えば、だいぶ少なくなったとはいえ、①参加に関心の薄い議会（議員）は自分たちの立場が脅かされると参加に拒絶反応を示すことがある。②議会（議員）に気兼ねする首長は参加をあまり好まないし参加の内容自体形式的なものとなり場合によってはアリバイづくりの場となることがある。③市民は本来積極的に参加する責務を担う立場にあるが市民参加への関心は低いことが少なくない。④そして、自治体職員は市民参加の拡充が調整・統合の課題を従来より複雑にする（自分の仕事が面倒になる）ことにつながるため市民参加を歓迎しないことも少なくない。

3　自治体職員に求められる実践的心得　～市民参加を促進するために～

自治体職員には、議会（議員）、首長、市民や当該自治体の職員に、市民参加の必要性と効果を説明し理解を得て、市民参加を促進することが求められている。その実践にあたり、自治体職員には、以下のような心得が必要となる。

〈自治体職員に求められる実践的心得〉

○多面的に考え仮説を検証する

政策の実践には、現状分析をした上で仮説を立て、その仮説を実証実験などを通じて検証することが第一歩となる。

その仮説は、さまざまな政策主体とともに、全方位から多面的に検討する必要がある。

一つの政策を実施することにより思わぬところに影響が出ることもある。十分な事前検証が必要である。

○一覧性を確保する

人の頭脳には限界がある。複雑な事柄について考えるには、全体イメージが一覧できる資料が必要である。

そのような資料があれば、会議もスムーズに運び合意形成し易い。

図表が有効に使われており、説明がなくとも一読すれば容易に理解できることは、資料作成のABCである。

異なる政策主体間の参加や調整には、一覧性を確保し、課題や争点についての全体像を示すことが有意義である。

○WIN・WINを心がける

勝ったら後でフォローする。このことを頭に入れておく必要がある。社会が一人では成立しないことから当然のことであるかもしれない。

「WIN・WIN」を心掛けることで、人との交流が広がり、市民参加の成果を向上させることができる。

○目標を設定し共有する

将来の目標年次と将来目標を設定し、将来から現在まで節目ごとの小目標を逆算して設定し、その小目標を達成することが、次の目標達成に役立つようにする。

これらの目標を政策主体間で共有するとよい。

○納得してもらう

人は、主体的意思を持っているので、人から説得されて不本意ではあるが合意する場合よりも、自ら納得して合意する場合のほうが前向きな姿勢をとることができる。

参加する側が納得して参加できるよう心がけることが必要である。

○人・場所・態度・時間をかえて説得する

交渉が暗礁に乗り上げることは少なくない。その場合、人・場所・態度をかえて交渉に取り組むことで解決を図るとよい。

時間をかえることで解決する場合もある。再度、再々度の交渉は、容易ではないが、時が経つことにより、取り巻く環境が変化し、合意し易くなることもある。

トップの間の折り合いが悪い場合には、補佐役が上手に交渉することも必要である。

○こまめに顔を出す

「人は会えば会うほど好きになる」（ザイアスの法則）という。また、「人は親しき者に重きを置いて判断する」という。何か用事を見つけて、顔出しをしておくと、いざというときに効果がある。

○外部講師を活用する

自治体では、外部から研修や各種説明会の講師を招く場合がある。研修や説明会を実施するのは、組織や人を変革したり、新たな仕事に取り組むためである。内部講師では、仲間意識から、厳しさを確保できないため外部講師を活用している場合が少なくない。

内部講師では言いにくい事を、外部講師に指摘してもらうことが少なくない。このような場合、外部講師には当該政策主体と直接利害関係のない人を選ぶとよい。

○想定問答する

異なる政策主体の考えは、お互いが容易に理解できるとは限らない。自分の立場で、相手の立場で、第三者の立場で真剣に考え、想定問答を繰り返すことが、異なる政策主体間の調整には有効である。

○率先垂範し我慢もする

率先垂範は大切である。しかし、やり方によっては、どうせやってくれるのだからと、人に依存心を起こさせてしまう恐れがある。

自治体において課長以上の管理者は、極力実務を仕事の中心におかないようにすべきであり、部下に仕事を任せること、任せる技術が必要となる。そうすることにより、部下の気持を揺り動かし、やる気にさせることができる。自ら手を出したくとも我慢することが肝要である。

部下がやるべき仕事を上司が行うと、上司は本来の仕事ができなくなってしまい、組織自体の機能不全を起こしてしまう。

政策主体間においても、これと同じことがいえる。

○異なるタイプの人材を配置し傾聴する

政策主体は、、自分の周りに、異なるタイプの政策主体を配置することが必要である。そして、政策主体は、努めて他の政策主体の意見に耳を傾けなければならない。そして、特定の意見だけでなく、好意的でない政策主体の意見も含めて、多様な意見に耳を傾けなくてはならない。

○姿勢を見せる

効果的に人を育てるための一つの条件は、その人の心をどれだけ動かせるかである。人を感動させるのは、理論・理屈の立派さだけでなく、その人の生き様、生き抜く姿勢である。

その生き様、姿勢を見せることで人はついてくる。

○大事を任せて鍛える

人を育てるには、その人の発達段階に応じて、必要なチャレンジをさせること、思い切って大事を任せることが有効である。

上司は仕事の中で指導のチャンスを作り出し、部下はチャレンジしたいことを上司に投げかけ説得し実践する。

駄目な上司は、部下育成の機会を作り出せない。駄目な部下は、チャレンジしたいことを上司に投げかけられず、説得できず実践できない。

このことは、多様な政策主体間関係においてもあてはまる。

○誰が言っているかを注視する

本来、物事は、誰が言っているかではなく、何を言っているかで判断すべきものである。しかし、実際には、誰が言っているかにより、事の実現可能性が大きく左右されることも少なくない。

誰が言っているかについても、十分な関心を払う必要がある。

○必至に考え討議し市民と歩む

人が本当に力をつけるのは、自分自身のために必死で考えるときである。そして、その考えを深め、時機を失することなく短時間で効果的な結果（結論）を出すには、複数の人間で討議し合うことが有効である。

自治体改革は、庁内だけでなく、市民を巻き込んだ改革が必要である。改革の目標を市民の幸福追求におけば、判断軸のゆらぎは少なくてすむ。

市民と情報の共有化を図り市民とともに歩むことが肝要である。

○あきらめない

徳川家康は、「人に負けることを知りて人より勝れり」と言っている。自治体職員も、一度や二度くらい負けてもあきらめてはいけない。

○器量を知る

人には、器量というものがある。一生升は一生升である。それ以上酒を入れてもこぼれてしまう。そのことを踏まえて行動することが大切である。

適正な政策主体間関係を築くには、各主体が相互の力量を的確に把握していることが前提となる。

○範囲を明確化し委せる

上司は、スペシャリストを育て１００％活用すべきである。そのためには、社会の進歩、変化を常に把握しておくことが必要である。また、自分の口出しできる限界を知っておき、狙いや方針を伝え、あとは任せ切ることが重要である。

同様に、市民参加を求める場合には、あらかじめ参加を求める範囲を文章化して明確化することが必要である。参加者に委ねた事項については、参加者の意向を尊重することが肝要である。

○契約を厳守する

組織の規律を守り、組織の活性化を図るため信賞必罰を実践する。達成した成果を人事評価においてきちっと評価する。成果が上がらなければ、規律を守るために、泣いて馬しょくを斬ることも必要である。同様に政策主体間の契約は厳守する必要がある。

○ハードルを建てテイク・ワンしない

上司は部下の仕事をより良質なものとするため、適切なハードルを建てるとよい。部下も上司がハードルを立てられないくらい良質なアイデアを出すために、自らが上司になったつもりで、想定問答を繰り返し良質なアイデアをつくることが必要である。

このような上司と部下の関係は、政策主体間関係においても同様である。

○TPO

ものごとは、時と場所とタイミングを見て実行することが大切である。これらを逸した政策は、効果が上がらないばかりでなく、逆効果になることも少なくない。

○己を知る

政策主体は、自分たちだけではできないことであっても、他の政策主体と協働することで事を成就できる立場にある。協働し目標を達成するためには己を知ることが必要である。

○人を組む

故西岡常一さん（宮大工：元法隆寺棟梁）が伝えた口伝「塔は木組み、木組みは木のくせ組み、木のくせ組みは人組み、人組みは人の心組み」にあるように、組織や政策は、組織を構成し政策を実践する主体である人を、どのように取り込み、組み合わせ活用するかに左右されるということを常に意識しておくことが求められている。

○謙虚に聴き謙虚に異見する

組織人は、組織内に進言するという役目と、組織外からの進言を聞くという役目を負っている。組織内への進言は勇気を持って行い、組織外からの進言は口に苦くとも良薬と思い耳を傾ける必要がある。

もちろん進言するに際しては組織人に受け入れられてもらえるよう謙虚な姿勢が求められている。

○時間と足を使い人材を掘り起こす

組織人（上司）には、所属組織内の職員の中に飛び込んで、埋もれた人材を掘り起こし人事に活かすことが求められている。

人を活かすには、まずその人を知らなければならない。どこにどういう人材がいて、どんな性格と特技を持っているか、そのようなデータを頭の中にインプットしておかなければならない。そのためには、日頃から職員の中に飛び込んでいって、コミュニケーションを図っていることが必要となる。

そのために、組織人（上司）は、出先機関にも足を運ぶことが大切である。

○長所を伸ばす

政策主体間の連携にあたっては、他の政策主体が必要とする自分の長所を磨き、その水準を上げることが必要である。

短所はあまり気にせず、長所を伸ばすことが重要である。そうすることにより、短所も自然と直ってくる。

○ブレーンを活用する

どんなに優れた発想でも、それを理解し協力してくれる味方をつくらなくては実現できない。ブレーンは、自らが主張しなくとも、自分の考え方を具現化し政策化してくれる。組織人は、ブレーンを積極的に活用することが必要である。

○信念を持つ

政策主体は、信念を持ち、みだりに路線を変更してはならない。朝礼暮改で基本方針が変わるようでは、当該組織の職員はもちろんのこと、他の政策主体からの信頼も失う。もっとも、状況によっては、朝令朝改が必要である。

○信頼する

誰もが信頼し切れない人を信頼することこそ真の信頼である。

政策主体やその職員は、人間の不完全さを認め合うことを前提にして、お互いに相手を信頼し合うことが必要となる。

そのために、お互いをよく知り、信頼に応え得るだけの能力を開発しておかなければならない。

政策主体内の人間関係においても同様である。

○動いて見る

「動けば見える」という。組織や職場の風土というものは、その中にいる人には分かりにくく、むしろ、外から見る立場にいる人のほうが分かりやすい。

派遣研修や出向で他の組織に所属したり、他の組織構成員との共同プロジェクトを進めることは、自分の所属する組織や職場の風土を再確認する良い機会となる。

○情熱と説得力を身につける

困難なときに、それでもなお人の心を動かし仲間を集めるものは何か。それは、その人の情熱であり説得力である。

そのため人には、深い人間愛と社会的危機感、先見力、指導力、風土変革力が不可欠である。

○チャレンジ風土をつくる

一回の失敗だけで人を評価しないことが大切である。必ず、もう一回はチャンスを与えて様子を見ることが必要である。そうすることにより、前向きの積極的な組織風土がつくられる。

○議論する場をつくる

ディベートでは、形式的には勝者と敗者が生ずるが、双方とも勝者である。ディベートを行うことで、お互いにテーマについての理解が深められるからである。

議論する場をつくることが重要である。

○先見性を持つ

先見性に富む人は誤解されやすい。先見性のない人からみれば異端に見えるからである。しかし、そのことを恐れてはいけない。先見性を持つリーダーが、時代の変革期を支えるのである。多数者に受け入れられるまでの間、真理は少数にある。

○あきらめない

自治体職員は、現実の社会を動かしていかなければならない。政治や行政は、どんなに理想的なものであっても、一挙に改革を進めれば、急激なしわ寄せが発生する。そのため、大改革には反対勢力も出現する。

このことを踏まえながら、安易に妥協することなく、且つ又粘り強く、最善、次善、三善の策に取り組むことが求められている。

○システム的に考える

どこが弱くても、弱いところにしわ寄せがくる。地域においても同様である。地域の仕組みと情報の流れをしっかりと掴み、弱い箇所を補強し、ムダを省き、最も効率のよいシステムにしなければならない。

地域経営、組織運営、情報の流れにネックをつくってはならない。

○目標をタイムリーに与える

目標は、適切な時期に、適切な内容で与えられる必要がある。有能な地域経営者は、未来を見ながらも、現実を厳しく見抜いて、タイムリーに目標を与える。

どんなに優れた人材を抱えた集団であっても、目標がなければパワーを発揮することはできない。目標をいかに与えるかが地域経営や組織経営にあたる者の役割である。

そのためには、高く広い視点から社会を見つめることが必要となる。

○十分なデータを持ち根回しする

事前に十分な調査を行い、積み上げられたデータで根回し、相手を説得する。

根回しには、深い洞察力や調査力が必要となる。また、全体をしっかりと構成する力を持っていて、どこを根回しすればいいのかをしっかり認識していなければならない。根回しは、直感だけでできるものではない。

○演出力・洞察力・決断力を身につける

政策主体には演出力が必要である。人の能力は、知識の量ではなく、何を感じ洞察し、何を決断できるかということで判断されるが、政策主体にも同様のことが言える。

○戦かわずして勝つ

日頃から自分の意向にあった情報を関係者に提供しておくことが必要である。そうすることにより、いざというとき、関係者の同意を得やすくなる。

○成果を分散する

徳川家康は、加恩を領国、名誉などに分散して実施している。これからの自治体においては、職員への給与総額が限定されてくるため、肩書き、給与額、勤務時間、自己実現支援策などについて考慮し、職員のモチベーションを上げる工夫をすることが求められている。

このことは、政策主体間の調整においても適用することができる。

○フェイス・トゥ・フェイスを大切にする

人は親しき者の考えに従うものである。この人間心理を踏まえた人間関係構築のため、フェイス・トゥ・フェイスを大切にすることが肝要である。

ＩＴ社会と言われる現在、フェイス・トゥ・フェイスの重要性が、あらためて認識されている。重要な事柄を話し合い決定するのであれば、一層フェイス・トゥ・フェイスの重要性が増す。五感を活かしたフェイス・トゥ・フェイスに優るものはない。

○適材を適所に配置する

適所で各政策主体を活用する。また、マイナス面での影響が少なくないと言われている政策主体であっても、その主体の長所を活かした役割を与え、その有する能力を最大限引き出し活用する。どうしようもない組織といわれている主体であっても育てれば役に立つ。短所はあまり気にせず、長所を見て活かすことが大切である。

○（地）縁を活かす

自治体は、国、県だけではなく、近隣自治体との連携、協働により、まちづくりを進めることが必要となる。その際、県境に位置するような基礎自治体は、県という枠に必要以上にとらわれることのないよう留意し、自らの位置を中心と定めた区域での、まちづくりを進める必要がある。

ＮＰＯ等の活用に際しても、県境にとらわれないことがよい。

○経済に通ずる

現在、自治体財政は、非情に厳しい状況にある。そのような中で、時代の変化に対応しつつ、市民の負託に応えるためには、シビルミニマムの水準を十分に検討把握し、そのうえで必要となる財政基盤を築くことが必要である。

行財政運営にあたっては、地域生活環境指標を作成し、市民にとって必要となる施設を明確化したうえで、他の政策主体との連携や行政資源の有効活用を図ることが求められている。

○ネットワークで失敗を最小限にする

どんなに強い戦国武将でも、全戦全勝ではなかった。

自治体職員も、いつも成功しているわけではない。これはと思い取り組んでも失敗することもある。しかし、この失敗を最小限に抑える方法がある。それは、庁内外のあらゆる関係者とのコミュニケーションを図ることにより、失敗を最小限のものとする方法である。

特に、動いたときは、失敗し易いものである。十分な調査検討のうえで体制を固め、事にあたることが肝要である。

4　むすびにかえて

本稿では、市民参加を促進のために必要な自治体職員の実践的心得について述べてきた。しかし、市民参加の促進のためには、①職員の心構えとともに、②市民参加促進のための指針やガイドラインの作成や③市民参加の具体的手法をわかりやすく紹介する市民参加ガイドブックの作成と活用、そして④情報公開・情報提供、パブリック・インボルブメント、パブリック・コメント、住民投票などの具体的な市民参加の仕組みを制度化することが求められている。

そして、これら指針等の作成（運用）や市民参加制度の制度設計（運用）にあたっては、意思決定プロセスにおける手続的公正を担保するため、その作成、設計、運用にあたる主体（ここでは自治体議会や自治体行政）が外部のさまざまな主体に対して、積極的に必要な情報を提供したり、参加を働きかける活動〈アウトリーチ〉が必要となる。（注）

このような取り組みを通じて、全国の自治体において市民自治の基盤が形成され、自己決定・自己責任の地方自治が進められることを期待する。

（注）アウトリーチの必要性や定義については、杉崎和久『社会的合意に向けてのアウトリーチ』原科幸彦編著「市民参加と合意形成」学芸出版社２００５年９月10日、P116～P118を参照。

地方自治ジャーナルブックレット No. 44
自治体人材育成の着眼点

2007年3月6日　初版発行　　定価（本体1，200円＋税）

著　者　浦野秀一／井澤壽美子／野田邦弘／西村浩
三関浩司／杉谷知也／坂口正治／田中富雄
発行人　武内　英晴
発行所　公人の友社
〒112-0002　東京都文京区小石川5－26－8
TEL 03－3811－5701
FAX 03－3811－5795
Eメール koujin@alpha.ocn.ne.jp
http://www.e-asu.com/koujin/

ISBN 978-4-87555-484-4

公人の友社のブックレット一覧

（07.2.26 現在）

「地方自治ジャーナル」ブックレット

No.2
政策課題研究の研修マニュアル
首都圏政策研究・研修研究会
1,359円［品切れ］

No.3
使い捨ての熱帯林
熱帯雨林保護法律家リーグ 971円

No.4
自治体職員世直し志士論
村瀬誠 971円

No.5
行政と企業は文化支援で何ができるか
日本文化行政研究会 1,166円

No.7
パブリックアート入門
竹田直樹 1,166円［品切れ］

No.8
市民的公共と自治
今井照 1,166円［品切れ］

No.9
ボランティアを始める前に
佐野章二 777円

No.10
自治体職員の能力
自治体職員能力研究会 971円

No.11
パブリックアートは幸せか
山岡義典 1,166円

No.12
市民がになう自治体公務
パートタイム公務員論研究会
1,359円

No.13
行政改革を考える
山梨学院大学行政研究センター
1,166円

No.14
上流文化圏からの挑戦
山梨学院大学行政研究センター
1,166円

No.15
市民自治と直接民主制
高寄昇三 951円

No.16
議会と議員立法
上田章・五十嵐敬喜 1,600円

No.17
分権段階の自治体と政策法務
松下圭一他 1,456円

No.18
地方分権と補助金改革
高寄昇三 1,200円

No.19
分権化時代の広域行政
山梨学院大学行政研究センター
1,200円

No.20
あなたのまちの学級編成と地方分権
田嶋義介 1,200円

No.21
自治体も倒産する
加藤良重 1,000円

No.22
ボランティア活動の進展と自治体の役割
山梨学院大学行政研究センター
1,200円

No.23
新版・2時間で学べる「介護保険」
加藤良重 800円

No.24
男女平等社会の実現と自治体の役割
山梨学院大学行政研究センター
1,200円

No.25
市民がつくる東京の環境・公害条例
市民案をつくる会 1,000円

No.26
東京都の「外形標準課税」はなぜ正当なのか
青木宗明・神田誠司 1,000円

No.27
少子高齢化社会における福祉のあり方
山梨学院大学行政研究センター
1,200円

No.28
財政再建団体
橋本行史 1,000円［品切れ］

No.29
交付税の解体と再編成
高寄昇三 1,000円

No.30
町村議会の活性化
山梨学院大学行政研究センター
1,200円

No.31
地方分権と法定外税
外川伸一 800円

No.32
東京都銀行税判決と課税自主権
高寄昇三 1,000円

No.33
都市型社会と防衛論争
松下圭一　900円

No.34
中心市街地の活性化に向けて
山梨学院大学行政研究センター
1,200円

No.35
自治体企業会計導入の戦略
高寄昇三　1,100円

No.36
行政基本条例の理論と実際
神原勝・佐藤克廣・辻道雅宣
1,100円

No.37
市民文化と自治体文化戦略
松下圭一　800円

No.38
まちづくりの新たな潮流
山梨学院大学行政研究センター
1,200円

No.39
ディスカッション・三重の改革
中村征之・大森彌　1,200円

No.40
政務調査費
宮沢昭夫　1,200円

No.41
市民自治の制度開発の課題
山梨学院大学行政研究センター
1,100円

No.42
自治体破たん
・「夕張ショック」の本質
橋本行史　1,200円

No.43
分権改革と政治改革
～自分史として
西尾勝　1,200円

No.44
自治体人材育成の着眼点
浦野秀一・井澤壽美子・野田邦弘・
西村浩・三関浩司・杉谷知也・坂口
正治・田中富雄　1,200円

「地方自治土曜講座」ブックレット

《平成7年度》

No.1
現代自治の条件と課題
神原勝　［品切れ］

No.2
自治体の政策研究
森啓　600円

No.3
現代政治と地方分権
山口二郎　［品切れ］

No.4
行政手続と市民参加
畠山武道　［品切れ］

No.5
成熟型社会の地方自治像
間島正秀　［品切れ］

No.6
自治体法務とは何か
木佐茂男　［品切れ］

No.7
自治と参加アメリカの事例から
佐藤克廣　［品切れ］

No.8
政策開発の現場から
小林　勝彦・大石和也・川村喜芳
［品切れ］

《平成8年度》

No.9
まちづくり・国づくり
五十嵐広三・西尾六七　［品切れ］

No.10
自治体デモクラシーと政策形成
山口二郎　［品切れ］

No.11
自治体理論とは何か
森啓　［品切れ］

No.12
池田サマーセミナーから
間島正秀・福士明・田口晃［品切れ］

No.13
憲法と地方自治
中村睦男・佐藤克廣　［品切れ］

No.14
まちづくりの現場から
斎藤外一・宮嶋望　［品切れ］

No.15
環境問題と当事者
畠山武道・相内俊一　［品切れ］

No.16
情報化時代とまちづくり
千葉純・笹谷幸一［品切れ］

No.17
市民自治の制度開発
神原勝　［品切れ］

《平成9年度》

No.18
行政の文化化
森啓　［品切れ］

No.19
政策法学と条例
阿倍泰隆　［品切れ］

No.20
政策法務と自治体
岡田行雄　［品切れ］

No.21
分権時代の自治体経営
北良治・佐藤克廣・大久保尚孝
［品切れ］

No.22
地方分権推進委員会勧告とこれからの地方自治
西尾勝　500円

No.23
産業廃棄物と法
畠山武道　［品切れ］

No.25
自治体の施策原価と事業別予算
小口進一　600円

No.26
地方分権と地方財政
横山純一　［品切れ］

《平成10年度》

No.27
比較してみる地方自治
田口晃・山口二郎　［品切れ］

No.28
議会改革とまちづくり
森啓　400円

No.29
自治の課題とこれから
逢坂誠二　［品切れ］

No.30
内発的発展による地域産業の振興
保母武彦　［品切れ］

No.31
地域の産業をどう育てるか
金井一頼　600円

No.32
金融改革と地方自治体
宮脇淳　600円

No.33
ローカルデモクラシーの統治能力
山口二郎　400円

No.34
政策立案過程への「戦略計画」手法の導入
佐藤克廣　［品切れ］

No.35
98サマーセミナーから「変革の時」の自治を考える
神原昭子・磯田憲一・大和田建太郎
［品切れ］

No.36
地方自治のシステム改革
辻山幸宣　［品切れ］

No.37
分権時代の政策法務
礒崎初仁　［品切れ］

No.38
地方分権と法解釈の自治
兼子仁　［品切れ］

No.39
市民的自治思想の基礎
今井弘道　500円

No.40
自治基本条例への展望
辻道雅宣　［品切れ］

No.41
少子高齢社会と自治体の福祉法務
加藤良重　400円

《平成11年度》

No.42
改革の主体は現場にあり
山田孝夫　900円

No.43
自治と分権の政治学
鳴海正泰　1,100円

No.44
公共政策と住民参加
宮本憲一　1,100円

No.45
農業を基軸としたまちづくり
小林康雄　800円

No.46
これからの北海道農業とまちづくり
篠田久雄　800円

No.47
自治の中に自治を求めて
佐藤守　1,000円

No.48
介護保険は何を変えるのか
池田省三　1,100円

No.49
介護保険と広域連合
大西幸雄　1,000円

No.50
自治体職員の政策水準
森啓　1,100円

No.51
分権型社会と条例づくり
篠原一　1,000円

No.52
自治体における政策評価の課題
佐藤克廣　1,000円

No.53
小さな町の議員と自治体
室崎正之　900円

No.54
地方自治を実現するために法が果たすべきこと
木佐茂男　[未刊]

No.55
改正地方自治法とアカウンタビリティ
鈴木庸夫　1,200円

No.56
財政運営と公会計制度
宮脇淳　1,100円

No.57
自治体職員の意識改革を如何にして進めるか
林嘉男　1,000円

《平成12年度》

No.59
環境自治体とＩＳＯ
畠山武道　700円

No.60
転型期自治体の発想と手法
松下圭一　900円

No.61
分権の可能性
スコットランドと北海道
山口二郎　600円

No.62
機能重視型政策の分析過程と財務情報
宮脇淳　800円

No.63
自治体の広域連携
佐藤克廣　900円

No.64
分権時代における地域経営
見野全　700円

No.65
町村合併は住民自治の区域の変更である。
森啓　800円

No.66
自治体学のすすめ
田村明　900円

No.67
市民・行政・議会のパートナーシップを目指して
松山哲男　700円

No.69
新地方自治法と自治体の自立
井川博　900円

No.70
分権型社会の地方財政
神野直彦　1,000円

No.71
自然と共生した町づくり
宮崎県・綾町
森山喜代香　700円

No.72
情報共有と自治体改革
ニセコ町からの報告
片山健也　1,000円

《平成13年度》

No.73
地域民主主義の活性化と自治体改革
山口二郎　600円

No.74
分権は市民への権限委譲
上原公子　1,000円

No.75
今、なぜ合併か
瀬戸亀男　800円

No.76
市町村合併をめぐる状況分析
小西砂千夫　800円

No.78
ポスト公共事業社会と自治体政策
五十嵐敬喜　800円

No.80
自治体人事政策の改革
森啓　800円

《平成14年度》

No.82
地域通貨と地域自治
西部忠　900円

No.83
北海道経済の戦略と戦術
宮脇淳　800円

No.84
地域おこしを考える視点
矢作弘　700円

No.87
北海道行政基本条例論
神原勝　1,100円

No.90
「協働」の思想と体制
森啓　800円

No.91
協働のまちづくり
三鷹市の様々な取組みから
秋元政三　700円

《平成15年度》

No.92
シビル・ミニマム再考
ベンチマークとマニフェスト
松下圭一　900円

No.93
市町村合併の財政論
高木健二　800円

No.95
市町村行政改革の方向性
～ガバナンスとＮＰＭのあいだ
佐藤克廣　800円

No.96
創造都市と日本社会の再生
佐々木雅幸 800円

No.97
地方政治の活性化と地域政策
山口二郎 800円

No.98
多治見市の政策策定と政策実行
西寺雅也 800円

No.99
自治体の政策形成力
森啓 700円

《平成16年度》

No.100
自治体再構築の市民戦略
松下圭一 900円

No.101
維持可能な社会と自治
～『公害』から『地球環境』へ
宮本憲一 900円

No.102
道州制の論点と北海道
佐藤克廣 1,000円

No.103
自治体基本条例の理論と方法
神原勝 1,100円

No.104
働き方で地域を変える
～フィンランド福祉国家の取り組み
山田眞知子 800円

《平成17年度》

No.107
公共をめぐる攻防
～市民的公共性を考える
樽見弘紀 600円

No.108
三位一体改革と自治体財政
岡本全勝・山本邦彦・北良治・逢坂誠二・川村喜芳 1,000円

No.109
連合自治の可能性を求めて
サマーセミナーin奈井江
松岡市郎・堀則文・三本英司・佐藤克廣・砂川敏文・北 良治 他
1,000円

No.110
「市町村合併」の次は「道州制」か
高橋彦芳・北良治・脇紀美夫・碓井直樹・森啓 1,000円

No.111
コミュニティビジネスと建設帰農
松本懿・佐藤 吉彦・橋場利夫・山北博明・飯野政一・神原勝
1,000円

《平成18年度》

No.112
「小さな政府」論とはなにか
牧野富夫 [3月下旬刊行予定]

No.113
栗山町発・議会基本条例
橋場利勝・神原勝 1,200円

TAJIMI CITY ブックレット

No.2
転型期の自治体計画づくり
松下圭一 1,000円

No.3
これからの行政活動と財政
西尾勝 1,000円

No.4
構造改革時代の手続的公正と第2次分権改革
手続的公正の心理学から
鈴木庸夫 1,000円

No.5
自治基本条例はなぜ必要か
辻山幸宣 1,000円

No.6
自治のかたち法務のすがた
政策法務の構造と考え方
天野巡一 1,100円

No.7
自治体再構築における行政組織と職員の将来像
今井照 1,100円

No.8
持続可能な地域社会のデザイン
植田和弘 1,000円

No.9
政策財務の考え方
加藤良重 1,000円

No.10
市場化テストをいかに導入するべきか ～市民と行政
竹下譲 1,000円

朝日カルチャーセンター 地方自治講座ブックレット

No.1
自治体経営と政策評価
山本清 1,000円

No.2
ガバメント・ガバナンスと行政評価システム
星野芳昭 1,000円

No.4
政策法務は地方自治の柱づくり
辻山幸宣 1,000円

No.5
政策法務がゆく
北村喜宣 1,000円

政策・法務基礎シリーズ
―東京都市町村職員研修所編

No.1
これだけは知っておきたい
自治立法の基礎
600円

No.2
これだけは知っておきたい
政策法務の基礎
800円

地域ガバナンスシステム・シリーズ
（龍谷大学地域人材・公共政策開発システム
オープン・リサーチ・センター企画・編集）

No.1
地域人材を育てる自治体研修改革
土山希美枝　900円

No.2
公共政策教育と認証評価システム―日米の現状と課題―
坂本勝　編著　1,100円

No.3
暮らしに根ざした心地良いまち
野呂昭彦・逢坂誠二・関原剛・吉本哲郎・白石克孝・堀尾正靱
1,100円

都市政策フォーラムブックレット
（首都大学東京・都市教養学部
都市政策コース　企画）

No.1
「新しい公共」と新たな支え合いの創造へ―多摩市の挑戦―
首都大学東京・都市政策コース
900円